DISCLAIMER

The author and publisher are providing this book and its contents on an "as is" basis and make no representations or warranties of any kind with respect to this book or its contents. The author and publisher disclaim all such representations and warranties, including but not limited to warranties of merchantability. In addition, the author and publisher do not represent or warrant that the information accessible via this book is accurate, complete, or current.

Except as specifically stated in this book, neither the author nor publisher, nor any authors, contributors, or other representatives will be liable for damages arising out of or in connection with the use of this book. This is a comprehensive limitation of liability that applies to all damages of any kind, including (without limitation) compensatory; direct, indirect, or consequential damages; loss of data, income, or profit; loss of or damage to property; and claims of third parties.

Copyright © 2022 LINGUAS CLASSICS

BESTACTIVITYBOOKS.COM

All rights reserved. No part of this book may be reproduced or used in any manner without the written permission of the copyright owner except for the use of quotations in a book review.

FIRST EDITION - Published 2022

Extra Graphic Material From: www.freepik.com
Thanks to: Alekksall, Starline, Pch.vector, Rawpixel.com, Vectorpocket, Dgim-studio, Upklyak, Macrovector, Stockgiu, Pikisuperstar & Freepik.com Designers

This Book Comes With Free Bonus Puzzles
Available Here:

BestActivityBooks.com/WSBONUS20

5 TIPS TO START!

1) HOW TO SOLVE

The Puzzles are in a Classic Format:

- Words are hidden without breaks (no spaces, dashes, ...)
- Orientation: Forward & Backward, Up & Down or in Diagonal (can be in both directions)
- Words can overlap or cross each other

2) ACTIVE LEARNING

To encourage learning actively, a space is provided next to each word to write down the translation. The **DICTIONARY** allows you to verify and expand your knowledge. You can look up and write down each translation, find the words in the Puzzle then add them to your vocabulary!

3) TAG YOUR WORDS

Have you tried using a tag system? For example, you could mark the words which have been difficult to find with a cross, the ones you loved with a star, new words with a triangle, rare words with a diamond and so on...

4) ORGANIZE YOUR LEARNING

We also offer a convenient **NOTEBOOK** at the end of this edition. Whether on vacation, travelling or at home, you can easily organize your new knowledge without needing a second notebook!

5) FINISHED?

Go to the bonus section: **MONSTER CHALLENGE** to find a free game offered at the end of this edition!

Want more fun and learning activities? It's **Fast and Simple!**
An entire Game Book Collection just **one click away!**

Find your next challenge at:

BestActivityBooks.com/MyNextWordSearch

Ready, Set... Go!

Did you know there are around 7,000 different languages in the world? Words are precious.

We love languages and have been working hard to make the highest quality books for you. Our ingredients?

A selection of indispensable learning themes, three big slices of fun, then we add a spoonful of difficult words and a pinch of rare ones. We serve them up with care and a maximum of delight so you can solve the best word games and have fun learning!

Your feedback is essential. You can be an active participant in the success of this book by leaving us a review. Tell us what you liked most in this edition!

Here is a short link which will take you to your order page.

BestBooksActivity.com/Review50

Thanks for your help and enjoy the Game!

Linguas Classics Team

1 - Antiques

```
Q U A L I T É B N X O I X B
X X V A L E U R O F E A W I
S I È C L E D B I R G B M J
B R G W E Z É S T Y L E E O
M P V R V N C E A C E U U U
E F Q D Y P O I R O U Q B X
R N M F R E R N U N T I L É
U P C A R T A N A D I T E L
T V I H J E T E T I B N S É
P Q I È È I I C S T A E Y G
L S M E C R F É E I H H X A
U E A R U E E D R O N T D N
C N J N E X S S M N I U O T
S G A L E R I E E Y C A Q R
```

ART
ENCHÈRES
AUTHENTIQUE
SIÈCLE
PIÈCES
CONDITION
DÉCENNIES
DÉCORATIF
ÉLÉGANT
MEUBLES

GALERIE
BIJOUX
VIEUX
PRIX
QUALITÉ
RESTAURATION
SCULPTURE
STYLE
INHABITUEL
VALEUR

2 - Food #1

```
N L E M A I L U P T C D B Z
A E A K G J K R S O N R L S
V E F C J B B A D U I H C O
E P T I O R G E N E C R P U
T J H T O C I R B A J R E P
S P O R O I G N O N U C E E
F A N O C K L E C V S A T A
J E L N L A I T I F B N T R
M E E A B Q L X L Q U N O A
M N S X D R A N I P É E R C
D C K F P E V X S P E L A H
F R A I S E W X A H O L C I
Y I G C D Q G V B Y A E G D
D P Y Y O D M R O O O A W E
```

ABRICOT
ORGE
BASILIC
CAROTTE
CANNELLE
AIL
JUS
CITRON
LAIT
OIGNON

ARACHIDE
POIRE
SALADE
SEL
SOUPE
ÉPINARD
FRAISE
SUCRE
THON
NAVET

3 - Exploration

```
D K C Z E U G N A L A E I H
A U Y U P M Q I C V P S N C
N X U A M I N A T O P P C U
G I K T U S C T I Y R A O L
E G A R U O C N V A E C N T
R A J P S R H I I G N E N U
S E Q U Ê T E O T E D T U R
S A U V A G E L É C R E A E
D É C O U V E R T E E R E S
E X C I T A T I O N E R V L
É P U I S E M E N T E A U U
P É R I L L E U X Y E I O M
E E S N L C V I Z O X N N S
D É T E R M I N A T I O N M
```

ACTIVITÉ
ANIMAUX
COURAGE
CULTURES
DÉTERMINATION
DÉCOUVERTE
LOINTAIN
EXCITATION
ÉPUISEMENT
DANGERS

LANGUE
NOUVEAU
PÉRILLEUX
QUÊTE
ESPACE
TERRAIN
APPRENDRE
VOYAGE
INCONNU
SAUVAGE

4 - Measurements

```
C E N T I M È T R E Q I L P
K F Y O O L H P P O I D S R
L I H H H R P N J X U Y B O
Z I L N É F O U X C Y G P F
B N T O R E U A N J A P L O
H I E R G B C V H E K F O N
N A T W E R E C N O U H N D
F G C P D T A C J U E A G E
M K O M E J O M C V M U U U
È V O L U M E N M U I T E R
T D É C I M A L N E N E U N
R L A R G E U R Z E U U R K
E K I L O M È T R E T R D B
M A S S E M M A R G E L N O
```

OCTET
CENTIMÈTRE
DÉCIMAL
DEGRÉ
PROFONDEUR
GRAMME
HAUTEUR
POUCE
KILOGRAMME
KILOMÈTRE

LONGUEUR
LITRE
MASSE
MÈTRE
MINUTE
ONCE
TONNE
VOLUME
POIDS
LARGEUR

5 - Farm #2

```
B T H B J O Q V B Z R O H N
R U E T L U C I R G A Y P O
R C B E R É V E R G E R U U
E M L E I H O R G E Y E N R
T K O J R U E T C A R T Z R
I W A M L G X U A M I N A I
A G N E A U E T N O N H M T
L G O M U H O R A O H A A U
L R K U V Y J B R A T N Ï R
X A V G F O L W D F H U S E
E N R É A S A F R U I T O O
B G D L L C M F O D P S D M
M E N O I T A G I R R I F T
K H X Z B P V M Z K É M R N
```

ANIMAUX
ORGE
GRANGE
MAÏS
CANARD
AGRICULTEUR
NOURRITURE
FRUIT
IRRIGATION
AGNEAU

LAMA
PRÉ
LAIT
VERGER
MOUTON
BERGER
TRACTEUR
LÉGUME
BLÉ

6 - Books

```
Y L C O L L E C T I O N H H
E I S É O P R P É X B T I U
I T K E C A U O C S Q R S M
N T V G E I T È R B G A T O
V É M A P M N M I R A G O R
E R D R L X E E T U T I R I
N A E U K O V J H E N Q I S
T I R E A F A L U T E U Q T
I R I T P L R O M A N E U I
F E O C R O I K M R I U E Q
A U T E U R P T G R T Q O U
K U S L X N F A É A R I H E
Y W I P A R S H G N E P B P
Y X H B O K O R D E P É P V
```

AVENTURE
AUTEUR
COLLECTION
DUALITÉ
ÉPIQUE
HISTORIQUE
HUMORISTIQUE
INVENTIF
LITTÉRAIRE
NARRATEUR

ROMAN
PAGE
POÈME
POÉSIE
LECTEUR
PERTINENT
HISTOIRE
TRAGIQUE
ÉCRIT

7 - Meditation

```
R G L E Q C P Q E I Z C K V
E R G Z X E R E C S L G D S
S A Z E R U T A N L P T Y N
P T I M N É N B E S J R I O
I I U Z G T O J L Z É K I I
R T Z I I R I N I O J E H T
A U M U V A T L S L R E S O
T D U E M L A C L A T N E M
I E S G W C T B K E T W W É
O X I A P G P M B M S I F F
N M Q H E A E P D X M S P B
Q H U M A I C M F M B I E X
J A E V I T C E P S R E P K
J N O I S S A P M O C J D S
```

ACCEPTATION
RESPIRATION
CALME
CLARTÉ
COMPASSION
ÉMOTIONS
GRATITUDE
GENTILLESSE

MENTAL
ESPRIT
MUSIQUE
NATURE
PAIX
PERSPECTIVE
SILENCE
PENSÉES

8 - Days and Months

```
V L N W D O E S J A O J D T
O U N D R K V E E O S R I C
M N S G D O M P U Û V T M C
O D O A I H E T D T R R A F
I I D E M A S E I E F B N É
S A E I E R B M E V O N C V
M I V R N M H B N U M T H R
O A M R W Q V R I S A E E I
Ç E R J I I I E A L R O P E
T V Q D T L R X M X S H P R
O J R E I R D N E L A C H G
B J A N V I E R S A N N É E
R M E R C R E D I S W Q A T
E R C V E N D R E D I E J I
```

AVRIL
AOÛT
CALENDRIER
FÉVRIER
VENDREDI
JANVIER
MARS
LUNDI
MOIS
NOVEMBRE
OCTOBRE
SAMEDI
SEPTEMBRE
DIMANCHE
JEUDI
MARDI
MERCREDI
SEMAINE
ANNÉE

9 - Energy

R	E	B	E	U	N	V	A	P	E	U	R	K	C
E	N	A	Q	E	U	Q	I	R	T	C	E	L	É
N	V	T	I	U	C	I	D	E	M	N	N	Q	J
O	I	T	D	A	L	B	I	N	W	S	E	B	T
U	R	E	E	I	É	Q	E	I	C	X	D	V	N
V	O	R	H	F	A	M	J	B	J	R	L	K	V
E	N	I	Y	P	I	C	A	R	B	O	N	E	C
L	N	E	D	H	R	C	R	U	E	L	A	H	C
A	E	C	R	O	E	C	X	T	B	Q	M	H	Y
B	M	N	O	T	N	A	R	U	B	R	A	C	G
L	E	E	G	O	P	O	L	L	U	T	I	O	N
E	N	S	È	N	M	O	T	E	U	R	A	R	E
Q	T	S	N	I	N	D	U	S	T	R	I	E	B
L	H	E	E	D	I	E	S	E	L	C	A	G	X

BATTERIE
CARBONE
DIESEL
ÉLECTRIQUE
ENVIRONNEMENT
CARBURANT
ESSENCE
CHALEUR
HYDROGÈNE

INDUSTRIE
MOTEUR
NUCLÉAIRE
PHOTON
POLLUTION
RENOUVELABLE
VAPEUR
TURBINE
VENT

10 - Chess

```
N Q X O D S H T Z I K X W A
O O F Y É F A M C N A L B P
G B I T F X M W L T U E J P
T C X R I N U O D E Q I O R
E H X S S Y V N I L N G S E
M N T G O W D N A L T É A N
P F I S S A P U G I O T C D
S N S E L G È R O G U A R R
B Z A I R S Q S N E R R I E
V A T G H Z T O A N N T F Q
C H A M P I O N L T O S I F
C O N C O U R S I I I K C Y
J O U E U R X H X O U Z E V
A D V E R S A I R E P I V T
```

NOIR
DÉFIS
CHAMPION
INTELLIGENT
CONCOURS
DIAGONAL
JEU
ROI
ADVERSAIRE
PASSIF

JOUEUR
POINTS
REINE
RÈGLES
SACRIFICE
STRATÉGIE
TEMPS
APPRENDRE
TOURNOI
BLANC

11 - Archeology

```
U R R U M E K Y È Q D D T Q
T O M B E O X B R R C E Y É
O U B L I É B P E G I S C V
M J W X G M O J E X B C H A
L Y I E U Q I L E R C E E L
H D S O O M J M Y T T N R U
C P C T R Z I I G G S D C A
X T J O È S O J K B E A H T
A K S W N R D I T J I N E I
N W B K V P E L P M E T U O
C A N T I Q U I T É L J R N
I R É S U L T A T S R Z N R
E L I S S O F I N C O N N U
N E É Q U I P E S Y L A N A
```

ANALYSE
ANCIEN
ANTIQUITÉ
OS
DESCENDANT
ÈRE
ÉVALUATION
EXPERT
RÉSULTATS
OUBLIÉ

FOSSILE
MYSTÈRE
OBJETS
RELIQUE
CHERCHEUR
ÉQUIPE
TEMPLE
TOMBE
INCONNU

12 - Food #2

```
E O T H P L F X H I P H L C
N H K W L O Z S D L O P Q H
A Z W O P S I J D E U Z F O
O L G A D O R S G B L R R C
T O M A T E M J S H E A O O
D F X Q J M M M B O T I M L
R U Q F T P A J E J N S A A
Q S B U S J O B F A K I G T
A U B E R G I N E M I N E C
K T J O É W Z H N B W J S É
B R O C O L I L A O I T I L
Y A O U R T B G N N W G R E
H N O N G I P M A H C K E R
B S X P B G Y K B J M L C I
```

POMME
BANANE
BROCOLI
CÉLERI
FROMAGE
CERISE
POULET
CHOCOLAT
OEUF
AUBERGINE

POISSON
RAISIN
JAMBON
KIWI
CHAMPIGNON
RIZ
TOMATE
BLÉ
YAOURT

13 - Chemistry

```
N U C L É A I R E W J S A A
G E P C F E D U P G S O G N
E E O H E E J E D I U Q I L
N T I L N A E L U C É L O M
O J D O Z A G A W Y R O H A
B R S R Y H M H S K U T I L
R D G E M G E C E Y Y S U C
A P Y A E T Q S L A G Z E A
C T H J N A T O M I Q U E L
T V C S J I O X Y G È N E I
K A C I D E Q I W Q Y P T N
Q Y E X P V E U O H V R U J
É L E C T R O N E N I K O P
C A T A L Y S E U R R V U K
```

ACIDE
ALCALIN
ATOMIQUE
CARBONE
CATALYSEUR
CHLORE
ÉLECTRON
ENZYME
GAZ

CHALEUR
ION
LIQUIDE
MOLÉCULE
NUCLÉAIRE
ORGANIQUE
OXYGÈNE
SEL
POIDS

14 - Music

```
C R Y T H M I Q U E P M C V
O H B A L L A D E Z X É L P
J V Œ R V M N O I N D L A P
L O B U A M A L B U M O S M
Z C O E R U B H S I I D S C
L A H T É S C Y B Y F I I H
A L L N P I Z S T B X E Q A
C F F A O C E J N Q V M U N
I J V H O I R Y T H M E E T
S N H C N E I N O M R A H E
U E U Q I N O M R A H N U R
M I C R O P H O N E N G F B
L Y R I Q U E U Q I T É O P
I N S T R U M E N T Z H H L
```

ALBUM
BALLADE
CHŒUR
CLASSIQUE
HARMONIQUE
HARMONIE
INSTRUMENT
LYRIQUE
MÉLODIE
MICROPHONE
MUSICAL
MUSICIEN
OPÉRA
POÉTIQUE
RYTHME
RYTHMIQUE
CHANTER
CHANTEUR
VOCAL

15 - Family

```
X X M R A J I S X U H H Z J
C O U S I N A F J S Q Z S Z
C U Z P R W K V P E G S V M
S Q N Z E U L W O E N T O A
O I F R È R E R T Ê C N A R
E T N A T X N V H Z X A F I
U N I È C E R R E T Z F I E
R R X P U T E L C N O N L N
S L I F T I T E P A P E L F
E R È P D N A R G F S D E A
O V G I E M M E F N M Q A N
P A T E R N E L T E K È B C
P E T I T E N F A N T M R E
F V Y E E F G J Y R E C G E
```

ANCÊTRE
TANTE
FRÈRE
ENFANT
ENFANCE
ENFANTS
COUSIN
FILLE
PETIT-ENFANT
GRAND-PÈRE

PETIT-FILS
MARI
MATERNEL
MÈRE
NEVEU
NIÈCE
PATERNEL
SOEUR
ONCLE
FEMME

16 - Farm #1

```
S V A L C J I C I M G P A Y
J U X I K O J D H X T O G E
M P Y W H E R V È H C U R A
H Z S L B U X B Z G L L I U
F O I N E I H C E S J E C J
C Y A R Z X K H F A S T U A
H G R A I O K L U L U N L B
A R G I P C C H A M P N T E
T A N Â N E Z H E V Q B U I
L I E H C A V Q V V E U R L
R N O S I B J I Z R X H E L
I E X C L Ô T U R E H F C E
F S T O X H S M I E L Y F G
L A M G Q D R K M F M X A R
```

AGRICULTURE CLÔTURE
ABEILLE   ENGRAIS
BISON   CHAMP
VEAU   CHÈVRE
CHAT   FOIN
POULET   MIEL
VACHE   CHEVAL
CORBEAU   RIZ
CHIEN   GRAINES
ÂNE   EAU

17 - Camping

```
O F M A F I I R T K Q G A W
M G O M I E N U L H Y V B E
S Z N U Z N U S G E U E T B
B R T S F I S Q E S S A H C
Y T A E O B P B M C N U K C
Y Ë G M R A J I E Y T Y M H
A O N E Ê C C O R D E E S A
U N E N T A V E N T U R E P
R A I T T E N T E A D U Y E
O C Y M C A R T E R X T I A
X V E D A A T L H B N A H U
H A M A C U O A G R K N G N
L Y S Q V T X C F E S V W F
B O U S S O L E W S S O E V
```

AVENTURE
ANIMAUX
CABINE
CANOË
BOUSSOLE
FEU
FORÊT
AMUSEMENT
HAMAC
CHAPEAU

CHASSE
INSECTE
LAC
CARTE
LUNE
MONTAGNE
NATURE
CORDE
TENTE
ARBRES

18 - Algebra

```
I P E X P O S A N T G H Z R
I R É Q U A T I O N T I É P
V O S I M P L I F I E R R Z
F B D I A G R A M M E G O J
A L I S O L U T I O N N J R
U È N O I T C A R T S U O S
X M F W D I V I S I O N F D
P E I F O R M U L E D A A M
H J N Y J E H N C G T Y C A
E R I A É N I L O A S U T T
X A D D I T I O N M L F E R
V A R I A B L E T L B P U I
F R A C T I O N N J P R R C
P A R E N T H È S E J I E E
```

ADDITION
DIAGRAMME
DIVISION
ÉQUATION
EXPOSANT
FACTEUR
FAUX
FORMULE
FRACTION
INFINI
LINÉAIRE
MATRICE
NOMBRE
PARENTHÈSE
PROBLÈME
SIMPLIFIER
SOLUTION
SOUSTRACTION
VARIABLE
ZÉRO

19 - Numbers

```
Z W S E D D I U X X X P C U
S B R Z I I S T R O I S I Z
E F P S X X D E P B S K N U
N E U F Q S H J P Y Z E Q O
Q M G V S E H Q B T I U H N
F U X K J P C M U E Z Y Y L
W T A U Y T L A M I C É D H
D U D T G N I V S F N P K Q
E P X Z O P I V E S J Z D U
U F I F H R W R I Y R L E A
X G O Z Y F Z M Z Z O S Z T
T R E I Z E J E E Y G P U R
W D I X N E U F P I T W O E
D I X H U I T V O R R R D S
```

DÉCIMAL
HUIT
DIX-HUIT
QUINZE
CINQ
QUATRE
QUATORZE
NEUF
DIX-NEUF
UN

SEPT
DIX-SEPT
SIX
SEIZE
DIX
TREIZE
TROIS
DOUZE
VINGT
DEUX

20 - Spices

```
A K I R P A P J N Z R X E G
I G M P E C G Z K U Y N Y I
L E S M E M O M A D R A C R
Z Z E I Q T Z R D S R R W O
Z N R J N L R Y I S U F I F
A I B D L U M D V A C A K L
F M M M I U Z S O S N S N E
E U E U U V M Q H A O D Z Y
N C G R O S I N A V I M R D
U W N Z N D C Y J E G D R E
G P I J E A I A M U N O X L
R F G J F A E F D R O U M P
E C A N N E L L E E N X E W
C V A N I L L E W Y B V P K
```

ANIS
AMER
CARDAMOME
CANNELLE
GIROFLE
CORIANDRE
CUMIN
CURRY
FENOUIL
FENUGREC

SAVEUR
AIL
GINGEMBRE
MUSCADE
OIGNON
PAPRIKA
SAFRAN
SEL
DOUX
VANILLE

21 - Mammals

```
C B M G M I H X H Z S B N Z
U H Y X U O R U O G N A K È
T Y I J S R U O P J I C T B
P C Z E N J H T U N H D L R
S D R A N E R B O E P F H E
G O R I L L E O L N U E C U
C O Y O T E U A A I A F H P
É L É P H A N T P E D A A P
T A U R E A U L I L L R T Q
C A S T O R T G N A A I G R
O L U Q S I N G E B V G O X
M U Z F D Z N A M A E Q R N
N A A F O H G V Y B H O U L
E P S P P L F U Q H C S Y Z
```

OURS
CASTOR
TAUREAU
CHAT
COYOTE
CHIEN
DAUPHIN
ÉLÉPHANT
RENARD
GIRAFE

GORILLE
CHEVAL
KANGOUROU
LION
SINGE
LAPIN
MOUTON
BALEINE
LOUP
ZÈBRE

22 - Bees

```
C I R E K N F T P Q M K R U
B P Q Z Q L D L R Y L I U K
E F L E U R T S E B F F E J
D I V E R S I T É U T F T L
I N S E C T E H C U R J A F
E E E U R J A R D I N S S R
S L T Q S U N M J F F G I U
S L N I O G T L C O U L N I
A O A F L E N I E R M F I T
I P L É E Z K Z R T É P L L
M Q P N I F J I U R E E L W
J H S É L T U V Q G U G O B
P A C B H A B I T A T O P I
É C O S Y S T È M E S D N L
```

BÉNÉFIQUE
FLEUR
DIVERSITÉ
ÉCOSYSTÈME
FLEURS
NOURRITURE
FRUIT
JARDIN
HABITAT
RUCHE
MIEL
INSECTE
PLANTES
POLLEN
POLLINISATEUR
REINE
FUMÉE
SOLEIL
ESSAIM
CIRE

23 - Photography

```
F T C O M P O S I T I O N H
O E Q P X É C L A I R A G E
R X C O N T R A S T E O Q R
M T D É F I N I T I O N L B
A U D R R E W R S P V U E M
T R U E L U O C J O W N U O
S E O B S C U R I T É Q S Y
C U E Y S R Z Y A L J X I X
A E J P E R S P E C T I V E
D N F E N O I T I S O P X E
R H O Z T B Z Y J H P Q U Z
E N J I C J I A D O U C I R
P R N X R E F C A M É R A Q
Y T Q N M T I A R T R O P M
```

NOIR
CAMÉRA
COULEUR
COMPOSITION
CONTRASTE
OBSCURITÉ
DÉFINITION
EXPOSITION
FORMAT
CADRE

ÉCLAIRAGE
OBJET
PERSPECTIVE
PORTRAIT
OMBRE
ADOUCIR
SUJET
TEXTURE
VUE
VISUEL

24 - Adventure

```
B S K Q A D A N G E R E U X
E R M I M S É C U R I T É U
K Z A C I N O U V E A U U B
N V I V S S A D Y R É W X F
A É Y N O I T A N I T S E D
T T T O C U M J J P I G G E
U L Z I J W R B V É N Y R T
R U S T F W A E É T U A E B
E C N A H C P I N I T Q H D
C I F G S E S O G V R M P J
B F A I M B U J S I O P M I
H F I V I P U F U T P J J F
U I J A D É F I S C P N G Q
W D E N Y L W G R A O X P F
```

ACTIVITÉ
BEAUTÉ
BRAVOURE
DÉFIS
CHANCE
DANGEREUX
DESTINATION
DIFFICULTÉ

AMIS
JOIE
NATURE
NAVIGATION
NOUVEAU
OPPORTUNITÉ
SÉCURITÉ

25 - Sport

```
S T R O P S E L C S U M R E
J O G G I N G Q M E O M E N
C A P A C I T É G I T A S T
W P U S J E S N A D N X P R
G I B A O U U O G W Q I I A
P A C N N Q A I K V P M R Î
B R R T W I R T E H C I E N
S E O É X L P I H J M S R E
D G S G A O Z R K L E E H U
C A J E R B D T R C È R K R
O N E C N A R U D N E T O N
R E F R V T M N D Q Q G E R
P A I O W É E M S I L C Y C
S X M F Q M L L E T È I D J
```

CAPACITÉ
ATHLÈTE
CORPS
OS
ENTRAÎNEUR
CYCLISME
DANSE
DIÈTE
ENDURANCE
SANTÉ

JOGGING
MAXIMISER
MÉTABOLIQUE
MUSCLES
NUTRITION
PROGRAMME
SPORTS
FORCE
RESPIRER
NAGER

26 - Circus

```
A S T U C E B K B W K C S I
B U C H R T N O I L P L P B
R X F R R E R Z N N C O E A
M A G I E T N E T B L W C L
M U V T R P B K S W O N T L
U B L R G H T F A S B N A O
S J A E I M O N T R E R T N
I X M V T A N I M A U X E S
Q P I I J O N G L E U R U U
U S R D K R P A R A D E R B
E E I X É L É P H A N T M R
Z K C N E I C I G A M R S P
Y R D P G A C R O B A T E T
N J M S T E M U T S O C X X
```

ACROBATE   MAGIE
ANIMAUX   MAGICIEN
BALLONS   SINGE
BONBON   MUSIQUE
CLOWN   PARADE
COSTUME   MONTRER
ÉLÉPHANT   SPECTATEUR
DIVERTIR   TENTE
JONGLEUR   TIGRE
LION   ASTUCE

27 - Restaurant #2

```
S E L P S D B É X G D G E N
N H H O A É X P K L É P V S
F X I I L J Q I L A L U N O
L Z H S A E Y C L C I V V B
R V T S D U A E T E C O Y L
I M A O E N G S E S I A H C
Q G D N Q E L Â D P E E O N
F R U I T R Q É T F U U J O
U U S O B X T F G E X O M U
E E B O I S S O N U A Q S I
O V D Î N E R X C I M U E L
N R C U I L L È R E V E Z L
E E F O U R C H E T T E S E
I S C Z O A L E Z W K V C S
```

BOISSON
GÂTEAU
CHAISE
DÉLICIEUX
DÎNER
OEUF
POISSON
FOURCHETTE
FRUIT
GLACE

DÉJEUNER
NOUILLES
SALADE
SEL
SOUPE
ÉPICES
CUILLÈRE
LÉGUMES
SERVEUR
EAU

28 - Geology

```
C C O N T I N E N T U Z C M
N O I S O R É J R M I E O F
B V U L U C W S D O S C R O
O M A C P I E R R E E F A N
D P E O H O I J I S L M I D
D F T V L E L I S S O F L U
S T A L A C T I T E D I C A
F T L C R I S T A U X E C R
Q Q P M Q L M W B G A P O P
K C P Z T R A U Q E I E B K
V O L C A N V V N Y Y U W A
M I N É R A U X E S G H P L
C A L C I U M U S E L C Y C
C R K Q B C G E N R E V A C
```

ACIDE
CALCIUM
CAVERNE
CONTINENT
CORAIL
CRISTAUX
CYCLES
ÉROSION
FOSSILE
GEYSER

LAVE
COUCHE
MINÉRAUX
FONDU
PLATEAU
QUARTZ
SEL
STALACTITE
PIERRE
VOLCAN

29 - House

```
X T A M C N I D R A J Q C B
I F K O N U G A R A G E L I
L N H J W M I J L O S K Ô B
E P M A L U V S E A L C T L
T R H P M R D M I S B D U I
R I D E A U X E E N H C R O
O O O D P J S U O C E H E T
P R Z T E U Y B C W H E Q H
N I J A R Z J L L H C M G È
W M P D F L A E É D U I J Q
C H A M B R E S S X O N F U
N F E N Ê T R E V V D É G E
K A J S J V A R E I N E R G
E N N E V N O P V F G W J F
```

GRENIER
BALAI
RIDEAUX
PORTE
CLÔTURE
CHEMINÉE
SOL
MEUBLES
GARAGE
JARDIN

CLÉS
CUISINE
LAMPE
BIBLIOTHÈQUE
MIROIR
TOIT
CHAMBRE
DOUCHE
MUR
FENÊTRE

30 - Physics

```
E X P A N S I O N U J M A A R
R M F V O O C U W V M O C M
I É R F I É L Z G M K L H Y
A C É O T T K V Q C E É I W
É A Q R A I E S S A M C M F
L N U M R V M S J R S U I P
C I E U É I O O S U I L Q A
U Q N L L T T A L E T E U R
N U C E É A A H E T É B E T
K E E V C L M C L O N C E I
N O R T C E L É E M G T O C
G A Z T A R D K G B A S X U
D E N S I T É S K E M S V L
U N I V E R S E L G L R R E
```

ACCÉLÉRATION
ATOME
CHAOS
CHIMIQUE
DENSITÉ
ÉLECTRON
MOTEUR
EXPANSION
FORMULE
FRÉQUENCE

GAZ
MAGNÉTISME
MASSE
MÉCANIQUE
MOLÉCULE
NUCLÉAIRE
PARTICULE
RELATIVITÉ
VITESSE
UNIVERSEL

31 - Dance

```
I  I  V  C  W  M  P  G  R  Â  C  E  F  Z
K  Z  X  U  P  P  O  X  L  P  F  V  Q  L
E  C  U  L  Y  I  S  J  O  Y  E  U  X  V
X  V  S  T  T  W  T  B  W  M  Z  P  L  A
P  E  R  U  T  L  U  C  U  X  X  M  I  R
R  O  Z  R  Z  M  R  A  B  S  U  C  E  T
E  S  N  E  T  N  E  M  E  V  U  O  M  F
S  L  A  L  C  M  U  S  I  Q  U  E  B  G
S  M  E  U  N  O  I  T  I  T  É  P  É  R
I  A  W  M  T  T  R  É  M  O  T  I  O  N
F  R  Y  T  H  M  E  P  V  I  S  U  E  L
A  C  A  D  É  M  I  E  S  P  W  T  Z  Z
T  R  A  D  I  T  I  O  N  N  E  L  G  A
O  M  C  L  A  S  S  I  Q  U  E  R  E  Z
```

ACADÉMIE
ART
CORPS
CLASSIQUE
CULTUREL
CULTURE
ÉMOTION
EXPRESSIF
GRÂCE

JOYEUX
SAUT
MOUVEMENT
MUSIQUE
POSTURE
RÉPÉTITION
RYTHME
TRADITIONNEL
VISUEL

32 - Coffee

```
T B Q O S B A M D V L N G N
V A Y I O O K R I O N E A U
I L S I Z I L E Ô Y K K U W
X D A S T S F N Q M P X B T
B T I I E S E I R U E V A S
J B W B A O N G L A M E R C
E G S I A N I I K T I A L F
N O I B C A É R T X R D I X
P T D O I L F O L D R E Q M
Z H Q I D Z A P R I X M U O
B A I R E R C U S T X A I U
U L D E C R È M E Ô L T D D
C X E C P N V E X R E I E R
O W G M J G V K G F E N B E
```

ACIDE
ARÔME
BOISSON
AMER
NOIR
CAFÉINE
CRÈME
TASSE
FILTRE
SAVEUR

MOUDRE
LIQUIDE
LAIT
MATIN
ORIGINE
PRIX
RÔTI
SUCRE
BOIRE
EAU

33 - Shapes

```
W E H R C Z L H C T T U D B
T L L E N Ô C Y U V G V X X
R A P C M P É P B O U F P U
I V T T R T T E E B E S R N
A O V A X E Ô R R N B X I O
N L P N I O C B U È A J S P
G H O G S D R O B C H C M Y
L C L L K H A L S Y E P E R
E O Y E L B J E Q L L J S A
Q U G R I E Z R M I L S X M
B R O M G W F A W N I G L I
C B N P N S I L O D P J M D
U E E U E Y K A M R S O P E
C A R R É C G K M E E B M M
```

ARC
CERCLE
CÔNE
COIN
CUBE
COURBE
CYLINDRE
BORDS
ELLIPSE
HYPERBOLE
LIGNE
OVALE
POLYGONE
PRISME
PYRAMIDE
RECTANGLE
CÔTÉ
SPHÈRE
CARRÉ
TRIANGLE

34 - Scientific Disciplines

```
S O C I O L O G I E J U I A
K I N É S I O L O G I E F S
P G Z G N H S A I C K G D T
S B P É V E I M O T A N A R
Z I S O É I U J A H C K Q O
B O Y L C G J R X K U L R N
I C C O O Z G O R Q C L O
O H H G L L O D W L P J M M
L I O I O O X Z O J O S Y I
O M L E G É G E M L O G X E
G I O Q I H C H I M I E I X
I E G V E C S B R T O K C E
E R I P B R Z O O L O G I E
M V E E I A D Z B L T D X U
```

ANATOMIE
ARCHÉOLOGIE
ASTRONOMIE
BIOCHIMIE
BIOLOGIE
CHIMIE
ÉCOLOGIE

GÉOLOGIE
KINÉSIOLOGIE
NEUROLOGIE
PSYCHOLOGIE
SOCIOLOGIE
ZOOLOGIE

35 - Science

```
P L A N T E S D A N G M H B
E R I O T A R O B A L É J Y
F O S S I L E N B B X T P X
V G X U A R É N I M H H F B
H C S E L U C É L O M O I H
C L I M A T M E F I B D P Y
M L L F J B T S R A A E H P
O R G A N I S M E T I É Y O
C H I M I Q U E V O N T S T
E X P É R I E N C E A I I H
É V O L U T I O N M T V Q È
P A R T I C U L E S U A U S
I Y W N A T O M E X R R E E
Z I H F K V P F R B E G V A
```

ATOME
CHIMIQUE
CLIMAT
DONNÉES
ÉVOLUTION
EXPÉRIENCE
FAIT
FOSSILE
GRAVITÉ
HYPOTHÈSE
LABORATOIRE
MÉTHODE
MINÉRAUX
MOLÉCULES
NATURE
ORGANISME
PARTICULES
PHYSIQUE
PLANTES

36 - Beauty

```
S T Y L I S T E C L Y É S P
J S E L I U H Q O G R L E H
F T H C O V M N U R Z É R O
C I S E A U X P L I P G V T
H U B S J N V Z E O H A I O
O D E S B F E W U R C N C G
Z O S I V M E B R I A T E É
N R C L E P L R O M R D S N
A P F M M D I F Q U A E P I
Z O P S R R E T I F C K B Q
É L É G A N C E P R S L N U
X T X H H W Â B I A A R E E
R G W E C I R H G P M Q V S
B T K B E Y G L Q J G T C L
```

CHARME
COULEUR
BOUCLES
ÉLÉGANCE
ÉLÉGANT
PARFUM
GRÂCE
MASCARA
MIROIR
HUILES
PHOTOGÉNIQUE
PRODUITS
CISEAUX
SERVICES
PEAU
LISSE
STYLISTE

37 - Clothes

```
D A R S G A N T S C J F A H
B R A C E L E T E E E O F R
B D C G V L D T L I A U H F
I B L H S U O V A N N L B E
J M R Q A P M P D T S A S R
O A C P S U X E N U A R R E
U N J F Q N S T A R C D E I
X T X U T Q Y S S E R Y I S
V E S Z P X V E U M X O L I
U A U S H E H V B R D X B M
M U Q C H E M I S E E F A E
V H P A N T A L O N O V T H
C H A P E A U X E A Q D Y C
A S P Y J A M A P C M V W U
```

TABLIER
CEINTURE
CHEMISIER
BRACELET
MANTEAU
ROBE
MODE
GANTS
CHAPEAU
VESTE

JEANS
BIJOUX
PYJAMA
PANTALON
SANDALES
FOULARD
CHEMISE
CHAUSSURE
JUPE
PULL

38 - Ethics

```
B Y I N T É G R I T É T H O
R E S P E C T U E U X O O M
G M I D I G N I T É S L N G
E S P H F L S B G U A É N T
N I A S P N G B B S G R Ê E
T M T R T O X M K S E A T M
I I I X U X S A V N S N E S
L T E K A E R O X P S C T I
L P N S H K U B L Z E E É U
E O C W O X E M S I L A É R
S H E P M F L V Q L H S Y T
S N O I S S A P M O C P T L
E T M N X U V R F S E U M A
R A T I O N A L I T É C U Q
```

ALTRUISME
COMPASSION
DIGNITÉ
HONNÊTETÉ
INTÉGRITÉ
GENTILLESSE
OPTIMISME
PATIENCE
PHILOSOPHIE
RATIONALITÉ
RÉALISME
RESPECTUEUX
TOLÉRANCE
VALEURS
SAGESSE

39 - Insects

```
P Q O I F M O U C H E R O N
B U D V R G C P W I D B M H
E X C G E E U T A L T K E I
E U Q E L X V Ê Q T P C É I
R U U A O F X Z P F K Q B R
P R V E N J S G B E T N A M
C A G L N E U O G T C J R W
R U P L Q V M H B I A O A Q
I B Q I M R U O F M F E C J
Q M J E L A G I C R A G S P
U F R B P L V E R E R U M B
E T L A T C O U H T D G Z K
T O K B U C Y N O R E C U P
C O C C I N E L L E W C J E
```

FOURMI
PUCERON
ABEILLE
SCARABÉE
PAPILLON
CIGALE
CAFARD
PUCE
MOUCHERON

FRELON
COCCINELLE
LARVE
CRIQUET
MANTE
TERMITE
GUÊPE
VER

40 - Astronomy

```
G N R M S A T E L L I T E A
A É A É E E X O N I U Q É R
L B D T R E D Ï O R É T S A
A U I É I N A E I W L R U V
X L A O O U S S T E L H F O
I E T R T L T P A T S W I N
E U I E A D R I L U Q B H R
S S O X V G O L L A Z J M E
C E N D R L N C E N N F Y P
H O T U E S O É T O D È F U
B M S E S O M U S R V H T S
L R F M B S E X N T M D O E
G U Y V O V J T O S C I E L
T E R R E S J X C A X J S O
```

ASTÉROÏDE
ASTRONAUTE
ASTRONOME
CONSTELLATION
COSMOS
TERRE
ÉCLIPSE
ÉQUINOXE
GALAXIE
MÉTÉORE
LUNE
NÉBULEUSE
OBSERVATOIRE
PLANÈTE
RADIATION
FUSÉE
SATELLITE
CIEL
SUPERNOVA

41 - Health and Wellness #2

```
S O C O M A L A D I E Z R N
S A I N H M L Y D M Y D I Y
R Y A E L N E Q L O T I P E
É S A N G S S T A U K È E E
C S C È M N O I T I R T U N
U E A I A O A T I J U E Q I
P R L G S I L É P M E I I M
É T O Y S T L P Ô B M M T A
R S R H A C E P H K U O É T
A D I L G E R A W C H T N I
T I E U E F G Y L R J A É V
I O A D K N I S U I D N G D
O P W D W I E H W L A A Z M
N N F S É N E R G I E Q O D
```

ALLERGIE
ANATOMIE
APPÉTIT
SANG
CALORIE
DIÈTE
MALADIE
ÉNERGIE
GÉNÉTIQUE
SAIN

HÔPITAL
HYGIÈNE
INFECTION
MASSAGE
HUMEUR
NUTRITION
RÉCUPÉRATION
STRESS
VITAMINE
POIDS

42 - Buildings

```
Y S T H S U K C W N J I H O
T U E M R E F I M R R O Ô B
O P N K X M B N X U S F T S
U E T X C V I É R Q S H E E
R R E B L G C M S H P É L R
É M E D A S S A B M A G E V
C A N N T C C N C M V R A A
O R I U I W U H N Y V A K T
L C S S P B F J Â W E N S O
E H U X Ô I A K C T K G P I
T É Z J H U Z C V Q E E E R
A P P A R T E M E N T A M E
L A B O R A T O I R E Y U F
T H É Â T R E S T A D E S W
```

APPARTEMENT
GRANGE
CABINE
CHÂTEAU
CINÉMA
AMBASSADE
USINE
FERME
HÔPITAL
HÔTEL

LABORATOIRE
MUSÉE
OBSERVATOIRE
ÉCOLE
STADE
SUPERMARCHÉ
TENTE
THÉÂTRE
TOUR

43 - Philanthropy

```
P Q U L T B F P L N E C G K
M U S E P U O R G Z N O É T
K C B B É T N R S B F M N W
E O E L T S D M R X A M É H
X R L N I M S N E G N U R D
A O G N N C I R U G T N O É
G Z A V A F M S N E S A S F
É L O B M S C U S R U U I I
T W O U U I T D T I C T T S
I K H B H Y M R E O O É É C
R E C N A N I F U T M N U G
A F I S K L E O M S M N D K
H O N N Ê T E T É I Z C M G
C T B E S O I N K H H U Y Q
```

DÉFIS
CHARITÉ
ENFANTS
COMMUNAUTÉ
FINANCE
FONDS
GÉNÉROSITÉ
GLOBAL
BUTS

GROUPES
HISTOIRE
HONNÊTETÉ
HUMANITÉ
MISSION
BESOIN
GENS
PUBLIC

44 - Gardening

```
R V L A A H S N O D R U F C
B É E A O K W O H T T A E O
O T C R R P E Q L A M S U M
U E C I G T U Y A U H G I P
Q L O C P E L L I U E F L O
U A M L E I R K W D K O L S
E S E I S E E F L E U R A T
T E S M P A U N W T U R G M
V N T A È U Q F T C B C E J
E N I T C R I J E Z W Q E E
O E B X E É T I D I M U H D
W W L J D E O G R A I N E S
K Z E F V H X Z F L O R A L
I D N V H O E F F Y W I P D
```

FLEUR
BOUQUET
CLIMAT
COMPOST
RÉCIPIENT
SALETÉ
COMESTIBLE
EXOTIQUE
FLORAL

FEUILLAGE
TUYAU
FEUILLE
HUMIDITÉ
VERGER
GRAINES
SOL
ESPÈCE
EAU

45 - Herbalism

```
P E R S I L J K I S P B E P
R O M A R I N D A A L B S Q
N U G O R I G A N F A A T K
C U L I N A I R E R N S R Q
A F I M I X K L H A T I A H
E R E N Q C S R T N E L G E
S M O N G Z J D N G Z I O N
M J A M O R A J E J P C N S
M V R F A U É M M U Z F G J
I D R N K T I D Z X B L V A
S A V E U R I L I B F E E R
L A V A N D E Q S E I U R D
O T Y A I L C D U F N R T I
B É N É F I Q U E E K T Y N
```

AROMATIQUE
BASILIC
BÉNÉFIQUE
CULINAIRE
FENOUIL
SAVEUR
FLEUR
JARDIN
AIL
VERT

INGRÉDIENT
LAVANDE
MENTHE
ORIGAN
PERSIL
PLANTE
ROMARIN
SAFRAN
ESTRAGON

46 - Flowers

```
A E O P J T A N X D S E X T
H L U A A N R T A H E É R U
P L D V S D A È D V A D M L
P I Y O M E J S F D Z I E I
I U S T I X U O D L R H D P
V Q I S N Z W N Z Y E C N E
O N C W E T I R E U G R A M
I O Y S L N L W H B Z O V O
N J V J A C L Y T O J T A O
E S A P T B S I S U U V L P
G A R D É N I A T Q P S A M
M L Z N P L R B H U B M V B
H I B I S C U S T E Y N D I
P L U M E R I A T T S T N K
```

BOUQUET
TRÈFLE
JONQUILLE
MARGUERITE
PISSENLIT
GARDÉNIA
HIBISCUS
JASMIN
LAVANDE

LILAS
LYS
ORCHIDÉE
PIVOINE
PÉTALE
PLUMERIA
PAVOT
TULIPE

47 - Health and Wellness #1

```
S M C D T M É D E C I N C F
C N P S U R I V M C E M L R
Y O W E R Z A Y I Z K Z I A
M I A F G B S I F X P M N C
Q T P E A U J Y T Y T Z I T
B A C T É R I E S E K G Q U
H X T X P I L I X S M E U R
M A P B E R W P Z E M E E E
C L B S M O N A W L L S N B
R E R I P S E R C C K F T T
J R A N T P V É G S O R É G
A Z K J L U N H H U A E N R
O N I X K P D T N M K N V N
H A U T E U R E A C T I F L
```

ACTIF
BACTÉRIES
OS
CLINIQUE
MÉDECIN
FRACTURE
HABITUDE
HAUTEUR
FAIM

MUSCLES
NERFS
RÉFLEXE
RELAXATION
PEAU
THÉRAPIE
RESPIRER
TRAITEMENT
VIRUS

48 - Antarctica

```
R O C H E U X M V R O C T T
C T N E M E N N O R I V N E
M R P É N I N S U L E V E M
O I I D D Î L E S W E E N P
I R G Q B A I E E O G R I É
S H I R U E H C R E H C T R
E Z A H A E C A L G B B N A
A A N O I T I D É P X E O T
U I V S R E I C A L G Q C U
X K M R Z M P O N J E U O R
Y P E D M K T T N U T U K E
J I D F Q J Q L S A A Q F M
S C E I H P A R G O É G Z L
C O N S E R V A T I O N E U
```

BAIE
OISEAUX
NUAGE
CONSERVATION
CONTINENT
CRIQUE
ENVIRONNEMENT
EXPÉDITION
GÉOGRAPHIE

GLACIERS
GLACE
ÎLES
MIGRATION
PÉNINSULE
CHERCHEUR
ROCHEUX
TEMPÉRATURE

49 - Ballet

```
C H O R É G R A P H I E C P
B V D D S E X P R E S S I F
P P R É P É T I T I O N I K
U A R T I S T I Q U E H I H
M U S I Q U E C L E Ç O N S
I B A L L E R I N E T S E G
E R T S E H C R O W M N K X
X K G R U E T I S O P M O C
C K F K Q S T Y L E R U C H
G R A C I E U X I B I K F Q
D K V V T S E L C S U M D B
E Z S W A R Y T H M E P R B
R G O S R U E S N A D G I H
R D F M P I N T E N S I T É
```

ARTISTIQUE
PUBLIC
BALLERINE
CHORÉGRAPHIE
COMPOSITEUR
DANSEURS
EXPRESSIF
GESTE
GRACIEUX

INTENSITÉ
LEÇONS
MUSCLES
MUSIQUE
ORCHESTRE
PRATIQUE
RÉPÉTITION
RYTHME
STYLE

50 - Fashion

```
C O N F O R T A B L E B C U
B O U T I Q U E W M R R H I
A B O R D A B L E O U O E F
V B O U T O N S N D T D R V
V T L Z S J T Z R È X E U Z
P D S D R S P N E L E R E D
M R R R G I I R D E T I Q E
S O A T H N G T O E I E J N
T S D T V Ê T E M E N T S T
Y C N E I M E S U R E S S E
L I P B S Q É L É G A N T L
E D E Y Q T U N E T S U N L
F K X M Z O E E I S K P A E
M I N I M A L I S T E G L R
```

ABORDABLE
BOUTIQUE
BOUTONS
VÊTEMENTS
CONFORTABLE
ÉLÉGANT
BRODERIE
CHER
TISSU

DENTELLE
MESURES
MINIMALISTE
MODERNE
MODESTE
MODÈLE
PRATIQUE
STYLE
TEXTURE

51 - Human Body

```
D N N W G T J D A K H R Z J
E E R I O H C Â M T Ê T E D
H Z B J F Q P O D Q S I B M
C C I B H D J M R O O Q M A
U Œ R M G Y L E V E I L A I
O S U O N E G N J L I G J N
B C O R M T N T I U S L T H
Y E C T S Y A O I A L C L W
J R M D R M S N L P O O U E
M V X W R Z X J P É S U E F
L E V I S A G E D S X D T A
J A B Q X S E L L I V E H C
Q U A E P V U X D B Q K W Q U
Y R P F I P C T F R S Q X M
```

CHEVILLE   TÊTE
SANG   CŒUR
OS   MÂCHOIRE
CERVEAU   GENOU
MENTON   JAMBE
OREILLE   BOUCHE
COUDE   COU
VISAGE   NEZ
DOIGT   ÉPAULE
MAIN   PEAU

52 - Musical Instruments

```
S P P T O T V M G G C B T C
A Z E N I L O D N A M A R A
X U R P E J Y A S B R S O R
O E C P R U O B M A T S M I
P L U Y I A T Y S B R O P L
H L S Q X A H X M A X N E L
O E S W A R N I G N O G T O
N C I A A S P O J J C U T N
E N O B M O R T B O F T E S
F O N M G U I T A R E T B R
L L S I O B T U A H C T J B
Û O S R C L A R I N E T T E
T I H A T A M B O U R I N H
E V P M N X V I O L O N B S
```

BANJO
BASSON
VIOLONCELLE
CARILLONS
CLARINETTE
TAMBOUR
FLÛTE
GONG
GUITARE
HARPE

MANDOLINE
MARIMBA
HAUTBOIS
PERCUSSION
PIANO
SAXOPHONE
TAMBOURIN
TROMBONE
TROMPETTE
VIOLON

53 - Fruit

```
A M F K I W I M T L U T O B
N E C L E N I R A T C E N A
A S N Q Y M A S C N D A T N
N I S I A R B V O Y G N L A
A R E P P H R R V P D U S N
S E B G A H I T A O Z Q E E
U C N P P Q C Q R M Z E I U
C I T R O N O B L M W I A G
H P E D O R T D T E J H B I
Z A Ê E S I O B M A R F B F
F H J C M E L O N M B I V V
O J A D H D B O E K Q T O T
W P P E K E V A Y O G N A P
N O I X D E C O C O N A W S
```

POMME
ABRICOT
AVOCAT
BANANE
BAIE
CERISE
NOIX DE COCO
FIGUE
RAISIN
GOYAVE

KIWI
CITRON
MANGUE
MELON
NECTARINE
PAPAYE
PÊCHE
POIRE
ANANAS
FRAMBOISE

54 - Engineering

É	N	E	R	G	I	E	P	R	A	Y	X	A	N
E	N	G	R	E	N	A	G	E	S	N	R	X	K
C	D	I	E	S	E	L	L	K	H	Q	G	E	A
L	O	T	R	H	Y	H	N	E	F	C	B	L	X
F	S	N	G	C	M	O	G	V	V	F	D	R	E
O	T	M	S	Y	H	T	K	R	U	I	F	D	X
R	A	E	M	T	C	A	L	C	U	L	E	U	P
C	B	S	A	E	R	T	È	M	A	I	D	R	H
E	I	U	C	C	U	U	N	O	D	Q	I	J	S
Y	L	R	H	D	E	L	C	B	R	X	U	O	K
J	I	E	I	Z	T	X	V	T	Z	G	Q	A	U
B	T	G	N	A	O	G	J	A	I	W	I	Y	E
L	É	N	E	H	M	V	N	K	K	O	L	H	F
D	I	A	G	R	A	M	M	E	Q	W	N	J	H

ANGLE
AXE
CALCUL
CONSTRUCTION
DIAGRAMME
DIAMÈTRE
DIESEL
ÉNERGIE
ENGRENAGES
LEVIERS
LIQUIDE
MACHINE
MESURE
MOTEUR
STABILITÉ
FORCE

55 - Kitchen

```
A J A A P Z U S E S S A T X
R E I L B A T G S E C I P É
R É P O T J L E I R W P L B
É E F E H C U R C V X R R A
J P C R J P T U W I U P J G
B P O E I W E T K E A B S U
C J Z N T G S I I T E E U E
B O L K G T É R B T T H Q T
J U V R Q E E R P E U C W T
V O O Z S P F U A F O U R E
A R O L L Y W O Z T C O M S
R M L I I M A N T I E L C J
F O U R C H E T T E S U P F
C O N G É L A T E U R Q R K
```

TABLIER
BOL
BAGUETTES
TASSES
NOURRITURE
FOURCHETTES
CONGÉLATEUR
GRIL
POT

CRUCHE
COUTEAUX
LOUCHE
SERVIETTE
FOUR
RECETTE
RÉFRIGÉRATEUR
ÉPICES
ÉPONGE

56 - Government

```
I É C B D I S C U S S I O N
P N T O V F Z X J V R É P O
A J D A N X A Z B H U G O I
I U M É T T R X O A O A L T
S D O T P R E P R K C L I A
I I N R X E N S Z L S I T N
B C U E T D N Y T X I T I N
L I M B L A H D W A D É Q L
E A E I A E H C A F T M U O
T I N L K L I O Z N H I E I
D R T E C I T S U J C K O N
C E Y T J V H Z C P Z E A N
C O N S T I T U T I O N L C
E I T A R C O M É D O P O A
```

CIVIL
CONSTITUTION
DÉMOCRATIE
DISCUSSION
CONTESTATION
ÉGALITÉ
INDÉPENDANCE
JUDICIAIRE
JUSTICE

LOI
LEADER
LIBERTÉ
MONUMENT
NATION
PAISIBLE
POLITIQUE
DISCOURS
ÉTAT

57 - Art Supplies

```
O C T C A R G I L E L L O C
P H S R U E L U O C S J Z A
A A E É A E M B C H E T K H
P R É A Q A Q M N H B V B N
I B D T U U A Z O I A R Q E
E O I I A O C Q Y G R I B Z
R N F V R V R B B K É Y S T
E U D I E A Y R O T M R C E
E D T T L S L O S J A X R L
L N M É L O I S X V C R A A
B Q C P E I Q S K I Q I Y V
A F O R S Y U E L I U H O E
T I W Q E O E S A Q P F N H
V P E I N T U R E K A L S C
```

ACRYLIQUE
BROSSES
CAMÉRA
CHAISE
CHARBON
ARGILE
COULEURS
CRÉATIVITÉ
CHEVALET
GOMME
COLLE
IDÉES
ENCRE
HUILE
PEINTURE
PAPIER
CRAYONS
TABLE
EAU
AQUARELLES

58 - Science Fiction

```
E U P S F M O N D E A B J K
P X T P C U C I N É M A G K
N Q T O C E T È N A L P D C
U Z H R P F R U L I V R E S
Z K P E Ê I K D R P S J E B
C W E K W M E W D I W H B F
O R A C L E E N P E S F J Q
F A N T A S T I Q U E T S G
T E C H N O L O G I E R E A
A T O M I Q U E I W G O N L
M Y S T É R I E U X W B O A
D Y S T O P I E D H S O L X
I L L U S I O N B D J T C I
E X P L O S I O N H W S Y E
```

ATOMIQUE
LIVRES
CINÉMA
CLONES
DYSTOPIE
EXPLOSION
EXTRÊME
FANTASTIQUE
FEU
FUTURISTE

GALAXIE
ILLUSION
MYSTÉRIEUX
ORACLE
PLANÈTE
ROBOTS
TECHNOLOGIE
UTOPIE
MONDE

59 - Geometry

```
E N L O F B T N E M G E S J
L O G I Q U E H C I V K D Q
C I N I I P L I É A W F P X
R S T S P F G J O O L N D S
E N Q M W W N B W C R C B T
C E N O I T A U Q É L I U H
C M L P H S U R F A C E E L
A I P X U A Z I S A X R I T
C D G E B R U O C Z F T R S
N O M B R E O T A O X È T B
X M É D I A N I E Q G M É A
P A R A L L È L E U C A M E
H O R I Z O N T A L R I Y R
M A S S E H K F S Y H D S P
```

ANGLE
CALCUL
CERCLE
COURBE
DIAMÈTRE
DIMENSION
ÉQUATION
HAUTEUR
HORIZONTAL

LOGIQUE
MASSE
MÉDIAN
NOMBRE
PARALLÈLE
SEGMENT
SURFACE
SYMÉTRIE
THÉORIE

60 - Creativity

```
A Y I M P R E S S I O N L P
W R I N V E N T I F G E B Z
I É T I D I U L F J F C K T
D N V I S P O N T A N É N S
É F M Y S S E N S A T I O N
E E U Q I T A M A R D C I O
S G P S N O I T O M É L T I
H A R S X P H Q R O E A A S
Q M Q W N W K R U R J R N I
X I B Q Z F K S J E Y T I V
I N S P I R A T I O N É G T
M É T I C I T N E H T U A M
Q G C O M P É T E N C E M T
I N T U I T I O N N O O I P
```

ARTISTIQUE
AUTHENTICITÉ
CLARTÉ
DRAMATIQUE
ÉMOTIONS
FLUIDITÉ
IDÉES
IMAGE
IMAGINATION

IMPRESSION
INSPIRATION
INTUITION
INVENTIF
SENSATION
COMPÉTENCE
SPONTANÉ
VISIONS

61 - Airplanes

```
N D E S C E N T E S B J C C
W G P S M H É L I C E S O A
Z S I V O Q W S H B O Z N R
M A C S T N C K L N Q N S B
A S S E E R I O T S I H T U
T É L N U D S A T G X H R R
M Q Q È R E G A S S A P U A
O U E G U I O R S T Y U C N
S I R O E L A K P L P S T T
P P L R T C C W M I P J I Y
H A E D U T I T L A L F O R
È G I Y A R W A G Q B O N Y
R E C H H B A L L O N D T G
E A T T E R R I S S A G E E
```

AIR
ALTITUDE
ATMOSPHÈRE
BALLON
CONSTRUCTION
ÉQUIPAGE
DESCENTE
DESIGN
MOTEUR

CARBURANT
HAUTEUR
HISTOIRE
HYDROGÈNE
ATTERRISSAGE
PASSAGER
PILOTE
HÉLICES
CIEL

62 - Ocean

```
E E I V I O C R A B E G V Z
S X E H Y B Y P R É C I F Q
E U U E L D Q H O Q C Z I C
A N G U I L L E S U D É M R
N O L T A U T G H S L X G E
P H A R R G E N U M E P Y V
G T W O O L M O J J O L E E
P Q H T C V P P S J B V V T
V A G U E S Ê É Y E B I K T
R E Q U I N T Q M V É O C E
S N S Q Z E E H U Î T R E D
Y B A L E I N E Q L T C A Z
D A U P H I N O S S I O P M
W B R F C W V M M V L S G X
```

CORAIL
CRABE
DAUPHIN
ANGUILLE
POISSON
MÉDUSE
POULPE
HUÎTRE
RÉCIF
SEL

ALGUE
REQUIN
CREVETTE
ÉPONGE
TEMPÊTE
MARÉES
THON
TORTUE
VAGUES
BALEINE

63 - Force and Gravity

```
P R O P R I É T É S B A M P
U M A G N É T I S M E X A H
G L D Y N A M I Q U E E G Y
Y E N O I S S E R P E M N S
Z S O E S S E T I V D É I I
F R I C T I O N V Q T C T Q
V E S R E R É L É C C A U U
Z V N T C N E A N S A N D E
X I A C E P M V Z D P I E P
X N P L H M N H U I M Q V E
C U X Z U I P W D O I U N J
C S E W V N S S W P C E I E
D I S T A N C E C H T É H E
C E N T R E T I B R O Q D G
```

AXE
CENTRE
DÉCOUVERTE
DISTANCE
DYNAMIQUE
EXPANSION
FRICTION
IMPACT
MAGNÉTISME
MAGNITUDE
MÉCANIQUE
ORBITE
PHYSIQUE
PRESSION
PROPRIÉTÉS
VITESSE
TEMPS
ACCÉLÉRER
UNIVERSEL
POIDS

64 - Birds

```
O T M F M I Z V D B L C Y C
H O A L N O R É H I U O E A
F U N A P O I L N R C R Q N
V C C M N J E N O A P B A A
C A H A F H H U E N T E I R
P N O N O V C M F A E A G D
Z É T T W M U R M C U U L U
T E L U O P R E Z T Q D E O
X T I I W S T E N G O G I C
I C O R C G U N J M R I I U
G O I R K A A G F F R O E O
V Y E W I I N Y K L E D S C
C O L O M B E C A U P E J O
Z H V S X W D O V Q E H L K
```

CANARI
POULET
CORBEAU
COUCOU
COLOMBE
CANARD
AIGLE
OEUF
FLAMANT
OIE

HÉRON
AUTRUCHE
PERROQUET
PAON
PÉLICAN
MANCHOT
MOINEAU
CIGOGNE
CYGNE
TOUCAN

65 - Art

```
P E I N T U R E S S C E E O
C O M P L E X E C L O X K R
L S I M P L E O C V M P G I
E G S N L E B M X X P R Q G
E R U T P L U C S P O E I I
L R J C M X C D S B S S N N
O L E N N O S R E P I S S A
B H T R P X C E I W T I P L
M O W U U B Y É S U I O I V
Y N L E L G P R É E O N R I
S N A M J I I C O A N S É S
C Ê D U R D E F P C D T Z U
C T B H D É P E I N D R E E
D E U Q I M A R É C Q C G L
```

CÉRAMIQUE
COMPLEXE
COMPOSITION
CRÉER
EXPRESSION
FIGURE
HONNÊTE
INSPIRÉ
HUMEUR
ORIGINAL

PEINTURES
PERSONNEL
POÉSIE
DÉPEINDRE
SCULPTURE
SIMPLE
SUJET
SYMBOLE
VISUEL

66 - Nutrition

```
K Q U T A P F U P D S V Q F
P B C Q O K I Y O I A I T E
C R U G W X T B I G V T S R
P A O Q H H I N D E E A A M
R H L T D P R N S S U M N E
G W X O É S T I E T R I T N
K C P S R I U A C I K N É T
D I È T E I N S U O L E P A
O B J G K L E E A N F C M T
A P P É T I T S S O Z L S I
H A B I T U D E S W Q S C O
Q U A L I T É A M E R P F N
U R É Q U I L I B R É E A C
Q G L U C I D E S G Q X I E
```

APPÉTIT
ÉQUILIBRÉ
AMER
CALORIES
GLUCIDES
DIÈTE
DIGESTION
FERMENTATION
SAVEUR
HABITUDES

SANTÉ
SAIN
NUTRITIF
PROTÉINES
QUALITÉ
SAUCE
TOXINE
VITAMINE
POIDS

67 - Hiking

```
Y C T K A S A U V A G E O M
E W A A Y N E B F F D P R O
S A W R M L I E L O S R I N
I R U Y T E M M O S J É E T
A P V S R E G N A D Z P N A
L I T E H V N V F U Q A T G
A E V T A M I L C X X R A N
F R Y T G M P B D U J A T E
D R U O L K M Q R W M T I Q
X E U B U B A Y W Y S I O U
S S U B C P C X C V X O N M
M P P A R C S W D G J N O Y
S O I U N A T U R E J Q R H
F A T I G U É G U I D E S Q
```

ANIMAUX
BOTTES
CAMPING
FALAISE
CLIMAT
GUIDES
DANGERS
LOURD
CARTE
MONTAGNE

NATURE
ORIENTATION
PARCS
PRÉPARATION
PIERRES
SOMMET
SOLEIL
FATIGUÉ
EAU
SAUVAGE

68 - Professions #1

```
M A R I N T A C O V A N M C
I P U U R F A F U F K E É A
N S E L E D P I J Q A I D R
F Y N P I D A T L E F C E T
I C Î I T O A N S L C I C O
R H A A U P O S S T E S I G
M O R N O O K P S E A U N R
I L T I J U C F S A U M R A
È O N S I F F E J D B R N P
R G E T B X V Z Y B V M T H
E U R E I U Q N A B H C A E
R E I B M O L P O B C B N G
C H A S S E U R Q C T M A L
É D I T E U R D T H A P N O
```

AMBASSADEUR
AVOCAT
BANQUIER
CARTOGRAPHE
ENTRAÎNEUR
DANSEUR
MÉDECIN
ÉDITEUR
CHASSEUR

BIJOUTIER
MUSICIEN
INFIRMIÈRE
PIANISTE
PLOMBIER
PSYCHOLOGUE
MARIN
TAILLEUR

69 - Barbecues

```
T O M A T E S R Q I Q M H N
K E I Z D S I J E U X L I O
V K H D J N M J S N T Q O U
F T O S T N A F N E Î Y S R
É X U A E T U O C L W D W R
T M J L I R G M Q L Q E L I
É X Q A R F A I M I C O A T
B B R D U A H C N M P Z S U
H V T E L U O P F A O I E R
J S I S C F D M E F X Y L E
W D U H J U M U S I Q U E J
P M R K E I A L É G U M E S
D G F O B Y Z S J I X S L C
P F O U R C H E T T E S H N
```

POULET
ENFANTS
DÎNER
FAMILLE
NOURRITURE
FOURCHETTES
AMIS
FRUIT
JEUX
GRIL

CHAUD
FAIM
COUTEAUX
MUSIQUE
SALADES
SEL
SAUCE
ÉTÉ
TOMATES
LÉGUMES

70 - Chocolate

```
X R A N T I O X Y D A N T S
X U N O I X D E C O C O L U
R E P E X U E I C I L É D C
L V V E U Q I T O X E D G R
C A C A O V W B F L K A C E
R S N Z D N J V S N Y A A C
E G O A C A L O R I E S C A
C O B D S N R F U H M K A R
E Û N I W I R O V A F S H A
T T O P F É T I L A U Q U M
T Q B X V B E R E M A J È E
E I C F V G I M A I C O T L
I N G R É D I E N T N F E Q
A R Ô M E G E L W S J Q S Q
```

ANTIOXYDANT
ARÔME
ARTISANAL
AMER
CACAO
CALORIES
BONBON
CARAMEL
NOIX DE COCO
DÉLICIEUX

EXOTIQUE
FAVORI
SAVEUR
INGRÉDIENT
CACAHUÈTES
QUALITÉ
RECETTE
SUCRE
DOUX
GOÛT

71 - Boats

```
Z G O D L N H J J O T T V L
R S X B N A V O C É A N M T
S A A M F U V O I A T A W C
I G P X W T Â M I V M I D W
C E J W J I B R K L S H O Y
C S X W O Q R E A W I Z C A
A O Y G N U Q M Y D Q E K C
L N R J R E K O A T E A R H
T H R D U É M F K M J A O T
E S E O E U J M A R É E U L
M O F E T O Q S A N C R E Z
P W B B O B C A N O Ë G G Y
L M N N M E F T V M A R I N
É Q U I P A G E F L E U V E
```

ANCRE
BOUÉE
CANOË
ÉQUIPAGE
DOCK
MOTEUR
FERRY
KAYAK
LAC
MÂT

NAUTIQUE
OCÉAN
RADEAU
FLEUVE
CORDE
VOILIER
MARIN
MER
MARÉE
YACHT

72 - Activities and Leisure

```
R E Q P A S S E T E M P S T
E A R P E I N T U R E D K X
G F N J A R D I N A G E V J
A I T D C A M P I N G B P P
N V M S O R E L A X A N T Ê
F M O J E N C O U R S E I C
B O X E N X N T E N N I S H
V I T É I K V É O V R M Z E
O K G G M Q L N E Z T L C H
Y T L N S U R F L O G F J R
A V P O B A S K E T B A L L
G B B L A B T O O F W H G
E P P P B S L R A N H I N N
A Y F Y B L L A B E S A B X
```

ART
BASE-BALL
BASKET-BALL
BOXE
CAMPING
PLONGÉE
PÊCHE
JARDINAGE
GOLF
RANDONNÉE

PASSE-TEMPS
PEINTURE
COURSE
RELAXANT
FOOTBALL
SURF
NAGER
TENNIS
VOYAGE

73 - Driving

```
C L R T R A F I C B W C S T
B A J O U A C C I D E N T V
R Z R M O T E U R U J X D Q
R U V B G T J L E T R A C L
O T L K U D O F G G H W Z I
U V P C Y R O M N K C P E C
T O V I E G A R A G U T S E
E I P H É U T N D O W I É N
L T P C N T N H T G A Z C C
K U H D U Q O P L A E Y U E
X R U O H L E N N U T S R S
B E C O N D U C T E U R I P
C A M I O N F R E I N S T L
P O L I C E S S E T I V É G
```

ACCIDENT
FREINS
VOITURE
DANGER
CONDUCTEUR
CARBURANT
GARAGE
GAZ
LICENCE
CARTE
MOTEUR
MOTO
PIÉTON
POLICE
ROUTE
SÉCURITÉ
VITESSE
TRAFIC
CAMION
TUNNEL

74 - Professions #2

```
D P I L O T E M P G I J U B
J É U R Q Z H É E D L O W P
X T T U F Y R D I V L U M H
W N K E O O E N R U R A I
K A T T C E I C T U S N L L
R N A L P T N I R E T A I O
E G J U L S I N E H R L N S
Q I D C Z I D V B C A I G O
D E L I Q T R E E R T S U P
A S T R O N A U T E E T I H
M N M G Z E J N J H U E S E
I E V A N D T F F C R S T B
I N G É N I E U R H C I E N
W L K F B I N V E N T E U R
```

ASTRONAUTE
DENTISTE
DÉTECTIVE
INGÉNIEUR
AGRICULTEUR
JARDINIER
ILLUSTRATEUR
INVENTEUR

JOURNALISTE
LINGUISTE
PEINTRE
PHILOSOPHE
MÉDECIN
PILOTE
CHERCHEUR
ENSEIGNANT

75 - Emotions

S	E	S	I	R	P	R	U	S	M	R	B	Y	L
R	Y	N	I	O	M	U	E	R	È	L	O	C	M
E	T	M	N	U	I	E	S	Y	D	T	K	U	P
L	R	P	P	U	J	P	S	J	X	P	Q	J	J
I	I	A	E	A	I	G	E	J	A	M	O	U	R
E	S	I	C	H	T	A	L	Q	O	E	O	G	J
F	T	X	B	I	D	H	L	G	M	I	S	U	T
C	E	A	B	I	H	I	I	F	Y	C	E	G	H
D	S	M	G	L	V	P	T	E	D	W	L	M	N
X	S	R	T	R	U	D	N	E	T	É	D	O	T
O	E	Z	B	E	S	S	E	R	D	N	E	T	L
C	O	N	T	E	N	U	G	E	X	C	I	T	É
S	A	T	I	S	F	A	I	T	C	A	L	M	E
E	M	B	A	R	R	A	S	S	É	G	S	J	J

COLÈRE
ENNUI
CALME
CONTENU
EMBARRASSÉ
EXCITÉ
PEUR
JOIE
GENTILLESSE

AMOUR
PAIX
DÉTENDU
RELIEF
TRISTESSE
SATISFAIT
SURPRISE
SYMPATHIE
TENDRESSE

76 - Mythology

```
L É G E N D E R W C I T C U
Q L O I I L E T R O M O U D
V E N G E A N C E M M N L R
Z I D W V N A E M P O N T T
T C B E E K R R L O R E U H
B E B H S N E U X R T R R L
O N I T E Y P T E T A R E H
W O R N C L Y A I E L E M É
D I V I N I T É S M I X O R
X T Y R A T É R U E T V N O
G A J Y Y L H C O N É W S S
M É D B O K C B L T B D T K
M R G A R H R É A R N A R N
R C H L C H A R J N T J E U
```

ARCHÉTYPE
COMPORTEMENT
CROYANCES
CRÉATION
CRÉATURE
CULTURE
DIVINITÉS
CIEL
HÉROS

IMMORTALITÉ
JALOUSIE
LABYRINTHE
LÉGENDE
ÉCLAIR
MONSTRE
MORTEL
VENGEANCE
TONNERRE

77 - Hair Types

```
E B T R U O C F R I S É É U
J L N D Y V M T X T N T P R
S O A L L W W G R R V L A N
G N L O P O P D M E N A I N
M D L N V F G G U S I O S L
V A I G B L A N C S A S I L
F I R A Z B X W B E S S O R
A J B R H R J O O S Q E E A
W J S P O I I X U O D C V Q
M É L U D N O J C M R F U N
T R E S S É K X L W I P A D
T S T I L G X R E O V N H J
Y T M R H J H N S U J I C D
C N T G C O L O R É X S O E
```

CHAUVE
NOIR
BLOND
TRESSÉ
TRESSES
MARRON
COLORÉ
BOUCLES
FRISÉ
SEC

GRIS
SAIN
LONG
BRILLANT
COURT
DOUX
ÉPAIS
MINCE
ONDULÉ
BLANC

78 - Garden

```
P V H H B T C H M D L J X J
O I O B E W E S U O L E P Y
R G W D F D G R H F Y R A M
C N K M H E G A R A G B F N
H E Q W É T A N G A M R S J
E R O C H E S L U T S A Q A
V C Y P H L U U W V V S C R
E N I L O P M A R T H A E D
R A U O R G O E Y K R N J I
G B W Q O D L T W U Z P N N
E B R E H R N Â J F T E F X
R H W O B A E R U T Ô L C L
B U I S S O N G E K S L M N
K F L E U R D B X M Q E J J
```

BANC
BUISSON
CLÔTURE
FLEUR
GARAGE
JARDIN
HERBE
HAMAC
TUYAU
PELOUSE

VERGER
ÉTANG
PORCHE
RÂTEAU
ROCHES
PELLE
TERRASSE
TRAMPOLINE
ARBRE
VIGNE

79 - Diplomacy

```
R X J S N E Y O T I C H G P
É O E U Q I V I C C O U O O
S S K S S E V Z S O N M U L
O R Z O E T N G A N S A V I
L D M L I A I K B F E N E T
U A É U F N G C Y L I I R I
T M T T S D T M E I L T N Q
I B R I I P B É G T L A E U
O A A O R R D O G B E I M E
N S I N X V U B B R R R E J
A S T L P S R C U K I E N Q
X A É H Z Q R U É Q N T T E
I D É T H I Q U E S N U É N
Q E H A M B A S S A D E U R
```

CONSEILLER
AMBASSADEUR
CITOYENS
CIVIQUE
CONFLIT
AMBASSADE
ÉTHIQUE
GOUVERNEMENT

HUMANITAIRE
INTÉGRITÉ
JUSTICE
POLITIQUE
RÉSOLUTION
SÉCURITÉ
SOLUTION
TRAITÉ

80 - Countries #1

```
U J G X H O I L Q O A F S A
A L E U Z E N E V U L I É J
A Q C T T A C T W W L N N M
L I S É R B N T Q T E L É A
R I L I R A K O A C M A G R
J O B P U H K N U A A N A O
R Q U Y X E V I G N G D L C
C C N M E C S E A A N E N V
E E I L A T I P R D E T O I
F F V P T N F X A A C P R E
C L Ë A R S I A C G G Y V T
P O L O G N E E I N N G È N
P A N A M A T Z N J D E G A
C H L B R M E I J W Z I E M
```

BRÉSIL
CANADA
EGYPTE
FINLANDE
ALLEMAGNE
IRAK
ISRAËL
ITALIE
LETTONIE
LIBYE

MAROC
NICARAGUA
NORVÈGE
PANAMA
POLOGNE
ROUMANIE
SÉNÉGAL
ESPAGNE
VENEZUELA
VIETNAM

81 - Adjectives #1

```
L D C Q S D O É D H G M I A
G É N É R E U X C O L I D R
A T T R A C T I F N E I E O
M W H X D Q N K B N O N N M
A M B I T I E U X Ê O F T A
L N Y C I G L A U T T M I T
M O D E R N E E E E N N Q I
U W S V V H U B R N A L U Q
B T A A T M Q S U X T U E U
E V I R Y K I T E L R B D E
W T O G O M T N H D O Y Y P
U T I L E W O W C F P S E L
L O U R D Y X R C E M I B B
N J L Y E N E M S V I A S A
```

ABSOLU
AMBITIEUX
AROMATIQUE
ATTRACTIF
BEAU
FONCÉ
EXOTIQUE
GÉNÉREUX
HEUREUX

LOURD
UTILE
HONNÊTE
IDENTIQUE
IMPORTANT
MODERNE
GRAVE
LENT
MINCE

82 - Rainforest

```
P A F G A C O O J C H I K Q
R C F A K É T I S R E V I D
É D B F M R A S K B G W B M
S Q P U G O M E I V R U S A
E G U F E R I A S G N P V M
R R E G C W L U E S R I B M
V P E M È D C X T I U Z D I
A D H H P K V Q C G J O W F
T C E P S E R A E R I O M È
I N L L E O O H S S G L Z R
O U O O G I H L N Z U F B E
N A S W E N È G I D N I W S
Y G C O M M U N A U T É B Q
E E R U T A N J T I J F L E
```

OISEAUX
CLIMAT
NUAGE
COMMUNAUTÉ
DIVERSITÉ
INDIGÈNE
INSECTES
JUNGLE

MAMMIFÈRES
MOUSSE
NATURE
PRÉSERVATION
REFUGE
RESPECT
ESPÈCE
SURVIE

83 - Technology

```
D S W R C E L I O X B B B V
O É C T A T H A H C J K L P
N C U E M V I R U S T P E L
N U R N É L F L E C H E U B
É R S R R É N R W D J Q T E
E I E E A Q C W Q C Q F R S
S T U T C P W R E I H C I F
S É R N G U U Z A P V E V A
A F F I C H A G E N G T S F
G M E S S A G E O H O G R Y
N U M É R I Q U E L O B K H
N A V I G A T E U R B E K B
S T A T I S T I Q U E S F H
L O G I C I E L P O L I C E
```

BLOG
NAVIGATEUR
OCTETS
CAMÉRA
CURSEUR
DONNÉES
NUMÉRIQUE
AFFICHAGE
FICHIER

POLICE
INTERNET
MESSAGE
ÉCRAN
SÉCURITÉ
LOGICIEL
STATISTIQUES
VIRTUEL
VIRUS

84 - Landscapes

```
M M F D F L J M M A E S P V
V O L S I A R A M S H N D L
C N Z G F R E E É L L A V G
P T E Z Z E M S I S A O K R
É A G I E T N N A C L O V O
N G G E Y S E R E G A L P T
I N Z D M L T F N G C L J T
N E L Î G X A L I N I V G E
S D É S E R T E L U Y A P W
U L P N O I Z U L H A D N I
L N D O C C I V O Y V N T T
E X H P E B É E C F V B M B
I C E B E R G A R D N U O T
C A S C A D E X N K O C W D
```

PLAGE
GROTTE
DÉSERT
GEYSER
GLACIER
COLLINE
ICEBERG
ÎLE
LAC
MONTAGNE

OASIS
OCÉAN
PÉNINSULE
FLEUVE
MER
MARAIS
TOUNDRA
VALLÉE
VOLCAN
CASCADE

85 - Plants

```
A H A R I C O T N E B R E H
R F L E U R J M R N G C P L
B I T S X Z U K K G L I P V
R M P I S F L V J R Z S T Y
E P C E E U Q I N A T O B Z
I É L N E G A L L I U E F S
A T N I D R A J H S P U E D
B A O C E L M O U S S E O B
H L S A A R F O R Ê T R H D
B E S R G C R C B U V O H S
X R I Q V E T E Q B G L M G
R E U R L I C U S P R F J C
U O B M A B E L S F V N J D
V É G É T A T I O N C P B Y
```

BAMBOU
HARICOT
BAIE
BOTANIQUE
BUISSON
CACTUS
ENGRAIS
FLORE
FLEUR
FEUILLAGE

FORÊT
JARDIN
HERBE
LIERRE
MOUSSE
PÉTALE
RACINE
TIGE
ARBRE
VÉGÉTATION

86 - Boxing

```
C B J F P C O R P S K A R R
O Y W C O A R B I T R E S É
U K E R I A S R E V D A R C
P Q E C N E T É P M O C A U
C X D T G S M I J M P M P P
J O A S R T E H C O L C I É
E N U N C N N D U L A É D R
G R W D S I T X R R E P E A
D A B G E O O K B O R U C T
V I N Y T P N F F I C I R I
L O J T S O O L D O K S O O
S E R U S S E L B X G É F N
B U T C O M B A T T A N T E
C O N C E N T R E R C O I N
```

CLOCHE
CORPS
MENTON
COIN
COUDE
ÉPUISÉ
COMBATTANT
POING
CONCENTRER
GANTS

BLESSURES
COUP
ADVERSAIRE
POINTS
RAPIDE
RÉCUPÉRATION
ARBITRE
CORDES
COMPÉTENCE
FORCE

87 - Countries #2

```
U K R A I N E W S U T H P H
T E D R S L U G D L K L N E
Q P C K Z E I N A B L A P I
E C È R G C B B R R I R A F
S O M A L I E R É O K G K F
O Z T M J A P O N R X D I L
A Q R E U Q I X E M I T S I
L L Y N A D U O S R O A T B
J A M A Ï Q U E Y D U H A A
R P O D O E A T M U G A N N
V É E T H I O P I E A Ï R Y
R N P A I R E G I N N T V J
I B G S T Y D C R P D I X O
O G W E I S S U R X A W O B
```

ALBANIE
DANEMARK
ETHIOPIE
GRÈCE
HAÏTI
JAMAÏQUE
JAPON
LAOS
LIBAN
LIBÉRIA

MEXIQUE
NÉPAL
NIGERIA
PAKISTAN
RUSSIE
SOMALIE
SOUDAN
SYRIE
OUGANDA
UKRAINE

88 - Ecology

```
H Q Y S H A B I T A T N V S
M W H T E I V R U S U A H É
D V É G É T A T I O N T F C
R I S B N D N N C H I U Q H
E G V B Q I A A X P R R E E
S X L E R O L F L L A E B R
S B E O R N Q J W P M L I E
O B S N B S I A R A M P T S
U Y Q J Y A I E S P È C E S
R H J T Y I L T Y G H L R E
C C L I M A T I É P Q L U Y
É L B A R U D C X K B D T K
S É T U A N U M M O C C A L
X N M F A U N E V Q I E N Q
```

CLIMAT
COMMUNAUTÉS
DIVERSITÉ
SÉCHERESSE
FAUNE
FLORE
GLOBAL
HABITAT
MARIN

MARAIS
NATUREL
NATURE
PLANTES
RESSOURCES
ESPÈCE
SURVIE
DURABLE
VÉGÉTATION

89 - Adjectives #2

```
I  N  T  É  R  E  S  S  A  N  T  C  S  U
É  L  É  G  A  N  T  M  V  L  P  R  O  S
E  L  B  A  S  N  O  P  S  E  R  É  M  E
O  O  G  S  E  G  A  V  U  A  S  A  N  Z
C  É  L  È  B  R  E  T  Q  V  S  T  O  L
V  J  T  Q  X  U  A  É  U  O  D  I  L  F
V  F  F  I  T  C  U  D  O  R  P  F  E  I
D  U  T  G  V  W  E  M  Q  T  E  A  N  E
A  U  T  H  E  N  T  I  Q  U  E  L  T  R
W  D  A  U  I  N  I  A  S  Y  Y  S  E  L
R  F  L  H  D  X  C  F  S  E  Z  A  K  G
D  F  S  W  C  X  W  P  H  A  C  L  J  J
N  O  U  V  E  A  U  F  O  R  T  É  B  E
D  E  S  C  R  I  P  T  I  F  L  D  Q  X
```

AUTHENTIQUE
CRÉATIF
DESCRIPTIF
SEC
ÉLÉGANT
CÉLÈBRE
DOUÉ
SAIN
CHAUD
FAIM

INTÉRESSANT
NATUREL
NOUVEAU
PRODUCTIF
FIER
RESPONSABLE
SALÉ
SOMNOLENT
FORT
SAUVAGE

90 - Psychology

```
C P S V F C R U Y R T R B S
O E E E M È L B O R P Ê S U
M R N U G S K I X N H V D B
P S S R I U T E N O R E Y C
O O A F E O H N O I V S T O
R N T E O V É F I T Q Q F N
T N I C Y Z R A T A C U S S
E A O O G E A N I U N S E C
M L N N S D P C N L Y A É I
E I H F O N I E G A U I D E
N T B L A E E X O V C W I N
T É X I L R L Y C É W X H T
J B Z T P E N S É E S N U A
P H D W S L Q R É A L I T É
```

RENDEZ-VOUS
ÉVALUATION
COMPORTEMENT
ENFANCE
CLINIQUE
COGNITION
CONFLIT
RÊVES
EGO

IDÉES
PERSONNALITÉ
PROBLÈME
RÉALITÉ
SENSATION
SUBCONSCIENT
THÉRAPIE
PENSÉES

91 - Math

```
U N G P R É R R A C E M X D
A O A A E O Q T E E L J W I
V M R W C W T U M I G S Q V
W B I R T P H E A R N Y K I
C R T F A A T X B T A O Y S
D E H R N R Z P V É I F I I
I S M A G A E O O M R O K O
A D É C L L O S I Y T F N N
M É T T E L K A U S G Q A G
È C I I R È E N O G Y L O P
T I Q O A L W T A N G L E S
R M U N Y E I R T É M O É G
E A E O O P É R I M È T R E
R L U F N V O L U M E U E P
```

ANGLES
ARITHMÉTIQUE
DÉCIMAL
DIAMÈTRE
DIVISION
ÉQUATION
EXPOSANT
FRACTION
GÉOMÉTRIE
NOMBRES
PARALLÈLE
PÉRIMÈTRE
POLYGONE
RAYON
RECTANGLE
CARRÉ
SYMÉTRIE
TRIANGLE
VOLUME

92 - Activities

```
Q W T J N T E C O I Z J L A
T E D E E D R J C N L A S R
R L Y U X U G J O T E R X T
A W O Q Z Q X O U É C D A I
N G N I P M A C T R T I C S
D X H M S H P H U Ê U N T A
O W E A L I R A R T R A I N
N V D R Q M R S E S E G V A
N Q W É J A G S A R T E I T
É E D C L X P E S N A D T C
E H C Ê P P L A I S I R É Y
T R O O C K A E D G B U V L
C O M P É T E N C E A K L Z
R E L A X A T I O N Z M J S
```

ACTIVITÉ
ART
CAMPING
CÉRAMIQUE
ARTISANAT
DANSE
PÊCHE
JEUX
JARDINAGE
RANDONNÉE

CHASSE
INTÉRÊTS
LOISIR
MAGIE
PLAISIR
LECTURE
RELAXATION
COUTURE
COMPÉTENCE

93 - Business

```
E T H A X D E V I S E H F E
H I M P Ô T S I B R U V I M
P Z Z W K S G É R A N T N P
E E M P L O Y É R É M E A L
X N R D G W N D E C A V N O
J V T È C N S U V O R R C Y
V D N R I C L E E N C É E E
F Y E B E R O A N O H D P U
H A G P L P R Û U M A U R R
B U R E A U R A T I N C O V
N L A V N V V I C E D T F E
B O U T I Q U E S X I I N
U S I N E O H K T E S O T T
B U D G E T D S B S E N A E
```

BUDGET
CARRIÈRE
ENTREPRISE
COÛT
DEVISE
RÉDUCTION
ÉCONOMIE
EMPLOYÉ
EMPLOYEUR
USINE

FINANCE
REVENU
GÉRANT
MARCHANDISE
ARGENT
BUREAU
PROFIT
VENTE
BOUTIQUE
IMPÔTS

94 - The Company

```
D E Q O C Y P F I T A É R C
T É M G L O B A L U H D É I
U U C P L L M E I K T J P N
N É T I L I B I S S O P U N
I T I T S O C X E È R Y T O
T I U W E I I R H E S A V
É L D S N N O G T G V A T A
S A O M G O D N X O E L I N
S U R O H P V A Y R N A O T
W Q P I M B E Q N P U I N Y
I N D U S T R I E C P R X Q
R I S Q U E S X C Q E E V T
Z R B A F F A I R E S S I B
T G P R É S E N T A T I O N
```

AFFAIRES
CRÉATIF
DÉCISION
EMPLOI
GLOBAL
INDUSTRIE
INNOVANT
POSSIBILITÉ
PRÉSENTATION
PRODUIT
PROGRÈS
QUALITÉ
RÉPUTATION
REVENU
RISQUES
TENDANCES
UNITÉS
SALAIRE

95 - Literature

```
D B X A N A L O G I E C F W
X B R N O I T P I R C S E D
H A U O T R A G É D I E M C
R N E I H P A R G O I B È O
O A T S R O D D N D C F O M
M L A U U É Z Q Z P E U P P
A Y R L E T O D C E N A J A
N S R C T I F I C T I O N R
F E A N U Q R E T R I M E A
A M N O A U B Y M H E H O I
Q G I C R E N Q T Y È U V S
M É T A P H O R E H C M G O
D I A L O G U E P H M Z E N
S T Y L E S O T L B L E A I
```

ANALOGIE
ANALYSE
ANECDOTE
AUTEUR
BIOGRAPHIE
COMPARAISON
CONCLUSION
DESCRIPTION
DIALOGUE
FICTION

MÉTAPHORE
NARRATEUR
ROMAN
POÈME
POÉTIQUE
RIME
RYTHME
STYLE
THÈME
TRAGÉDIE

96 - Geography

```
Y R C Z E M T O C É A N D C
Q M É O M O N T A G N E P A
Y W Q G N K N Q K X D I B R
P A Y S I T S E U O T L S T
B E F H M O I E V U E L F E
S D J É É D N N D Z R R L L
A U W M R M E R E O I A D L
L T D I I J D H D N O T K I
G I R S D H N S U Î T L H V
I T O P I D O N T L I A J Y
A A N H E C M J I E R S P T
T L Y È N M J I T H R N W I
P X X R W Z S Q L M E H H E
M K W E N B V C A W T Y D H
```

ALTITUDE   MONTAGNE
ATLAS   NORD
VILLE   OCÉAN
CONTINENT   RÉGION
PAYS   FLEUVE
HÉMISPHÈRE   MER
ÎLE   SUD
LATITUDE   TERRITOIRE
CARTE   OUEST
MÉRIDIEN   MONDE

97 - Pets

```
N U D C N Y X A C Z T O F V
C Q Q I O X E E H T A H C Y
V A C H E L N S I E G E Y B
V F P W F Q L S E U T R O T
I É F S R U G I N Q G U H O
Z Z T D Z E U A E O P T A I
P P L É T U L L R R O I M H
Q A Q C R E N Q V R I R S C
W N T Z C I N U È E S R T E
N R H T D Q N R H P S U E Q
D U I Z E R I A C B O O R F
S W I C Q S P Z I N N N T H
S O U R I S A W D R A Z É L
C H A T O N L Q C G E A C C
```

CHAT
COLLIER
VACHE
CHIEN
POISSON
NOURRITURE
CHÈVRE
HAMSTER
CHATON
LAISSE

LÉZARD
SOURIS
PERROQUET
PATTES
CHIOT
LAPIN
QUEUE
TORTUE
VÉTÉRINAIRE
EAU

98 - Jazz

```
C U C N N J N U Y U T O C F
É R A O X O A S B K A R O A
L U R I M X U E I V L C N V
È E T T U P Z V Y E E H C O
B S I I B M O Z E K N E E R
R W S S L U M S W A T S R I
E R T O A S B R I C U T T S
P Y E P T I W U D T D R C P
X T K M J Q M O N N E E D S
W H D O J U L B D E R U M P
O M G C H E H M Z C N T R F
B E M N O S N A H C E S J V
S T Y L E G E T N A G R F E
I M P R O V I S A T I O N R
```

ALBUM
ARTISTE
COMPOSITEUR
COMPOSITION
CONCERT
TAMBOURS
ACCENT
CÉLÈBRE
FAVORIS
GENRE
IMPROVISATION
MUSIQUE
NOUVEAU
VIEUX
ORCHESTRE
RYTHME
CHANSON
STYLE
TALENT

99 - Nature

```
A P I P X U A M I N A S G D
D R A L L I U O R B B A J Y
L A C I P O R T M A E N N N
P G N T S E R E I N I C O A
F A L Q I F O R Ê T L T I M
L S I A U Q D H I R L U S I
E A J S C W U R Q R E A O Q
U U H E I I D E Y U S I R U
V V I S M B E P U T D R É E
E A U I H P L R L U D E T R
E G X A J P P E M Y G I U Q
E E K L N U A G E V I T A L
O A V A H E G A L L I U E F
C V M F D É S E R T D E B K
```

ANIMAUX
ARCTIQUE
BEAUTÉ
ABEILLES
FALAISES
NUAGE
DÉSERT
DYNAMIQUE
ÉROSION
BROUILLARD

FEUILLAGE
FORÊT
GLACIER
PAISIBLE
FLEUVE
SANCTUAIRE
SEREIN
TROPICAL
VITAL
SAUVAGE

100 - Electricity

```
G C Â B L E L B F K R P A Y
É E I R E T T A B H U O I A
N U H M F É F F S Y Y S M M
É P X L R L I Q T E G I A K
R E V N É E L Y E G R T N K
A N R X S C S K J A V I T K
T O K L E T É L B K P F W R
E H R V A R Q T O C L O J K
U P Z A U I T S I O G L N U
R É M R S C C F I T A G É N
H L E A U I C X J S N L N K
L É O K L E L U O P M A K S
Y T V M A N P R I S E V U M
É L E C T R I Q U E P D R Q
```

BATTERIE
AMPOULE
CÂBLE
ÉLECTRIQUE
ÉLECTRICIEN
GÉNÉRATEUR
LAMPE
LASER
AIMANT

NÉGATIF
RÉSEAU
OBJETS
POSITIF
QUANTITÉ
PRISE
STOCKAGE
TÉLÉPHONE
FILS

1 - Antiques
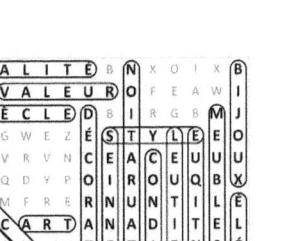

2 - Food #1
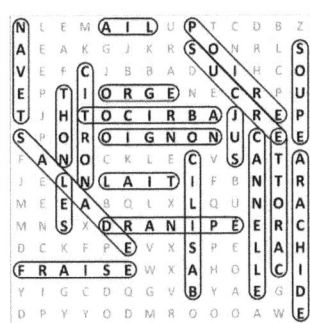

3 - Exploration

4 - Measurements
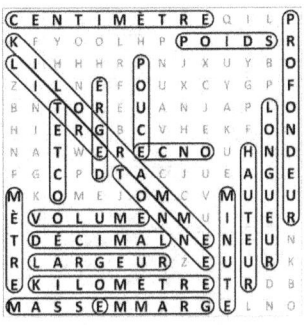

5 - Farm #2
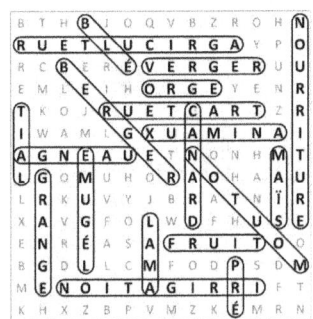

6 - Books
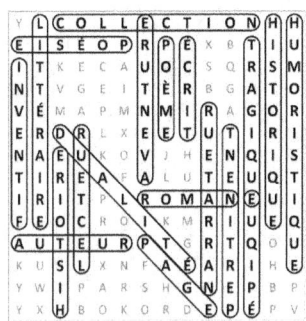

7 - Meditation
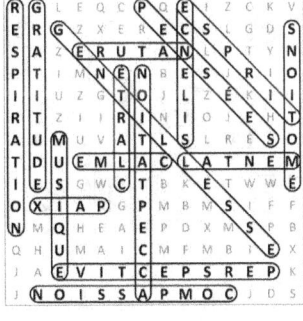

8 - Days and Months
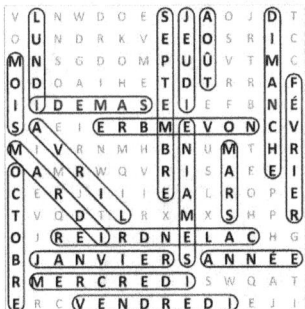

9 - Energy
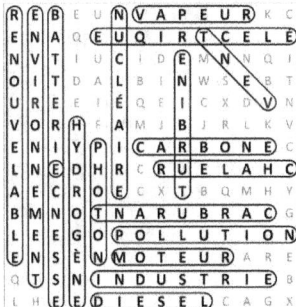

10 - Chess
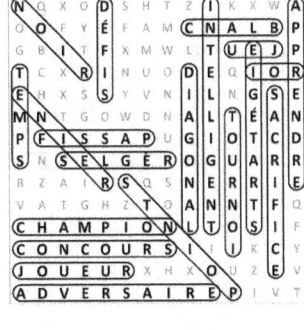

11 - Archeology
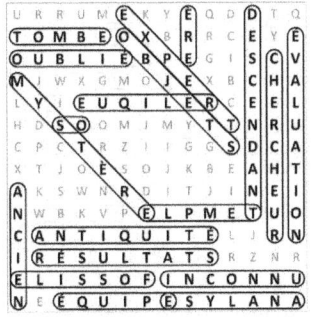

12 - Food #2
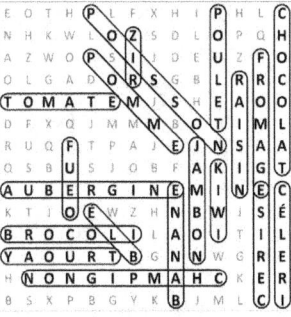

13 - Chemistry
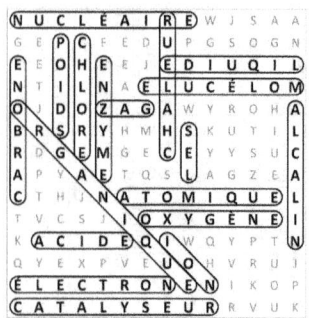

14 - Music
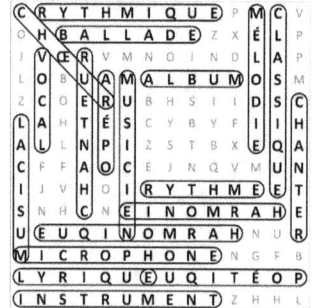

15 - Family
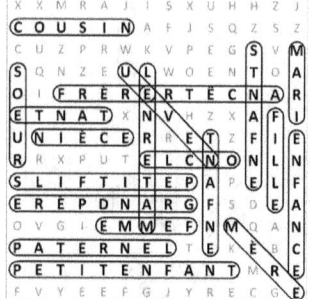

16 - Farm #1
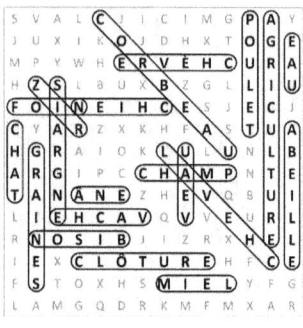

17 - Camping
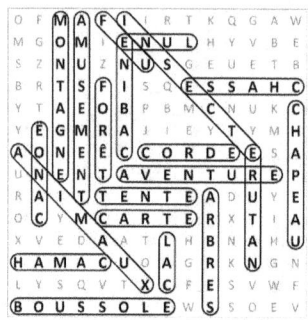

18 - Algebra
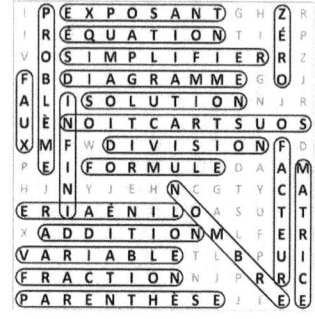

19 - Numbers
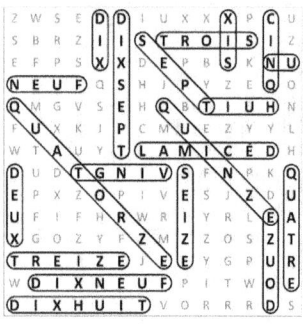

20 - Spices
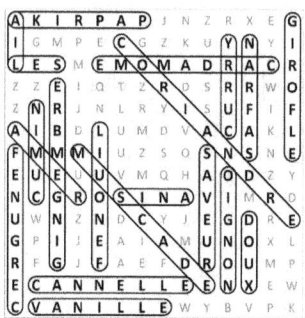

21 - Mammals
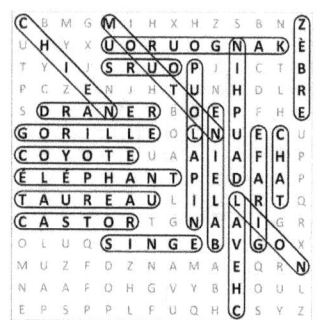

22 - Bees
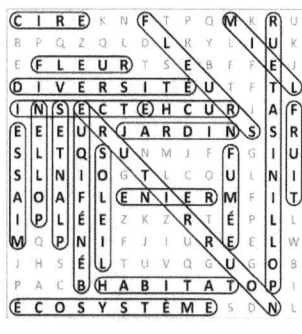

23 - Photography
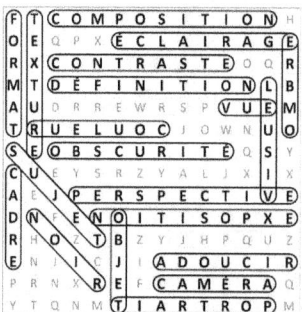

24 - Adventure
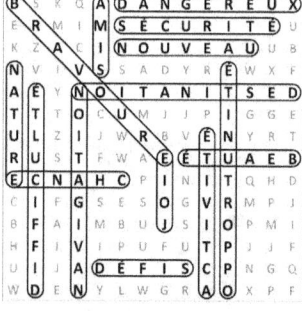

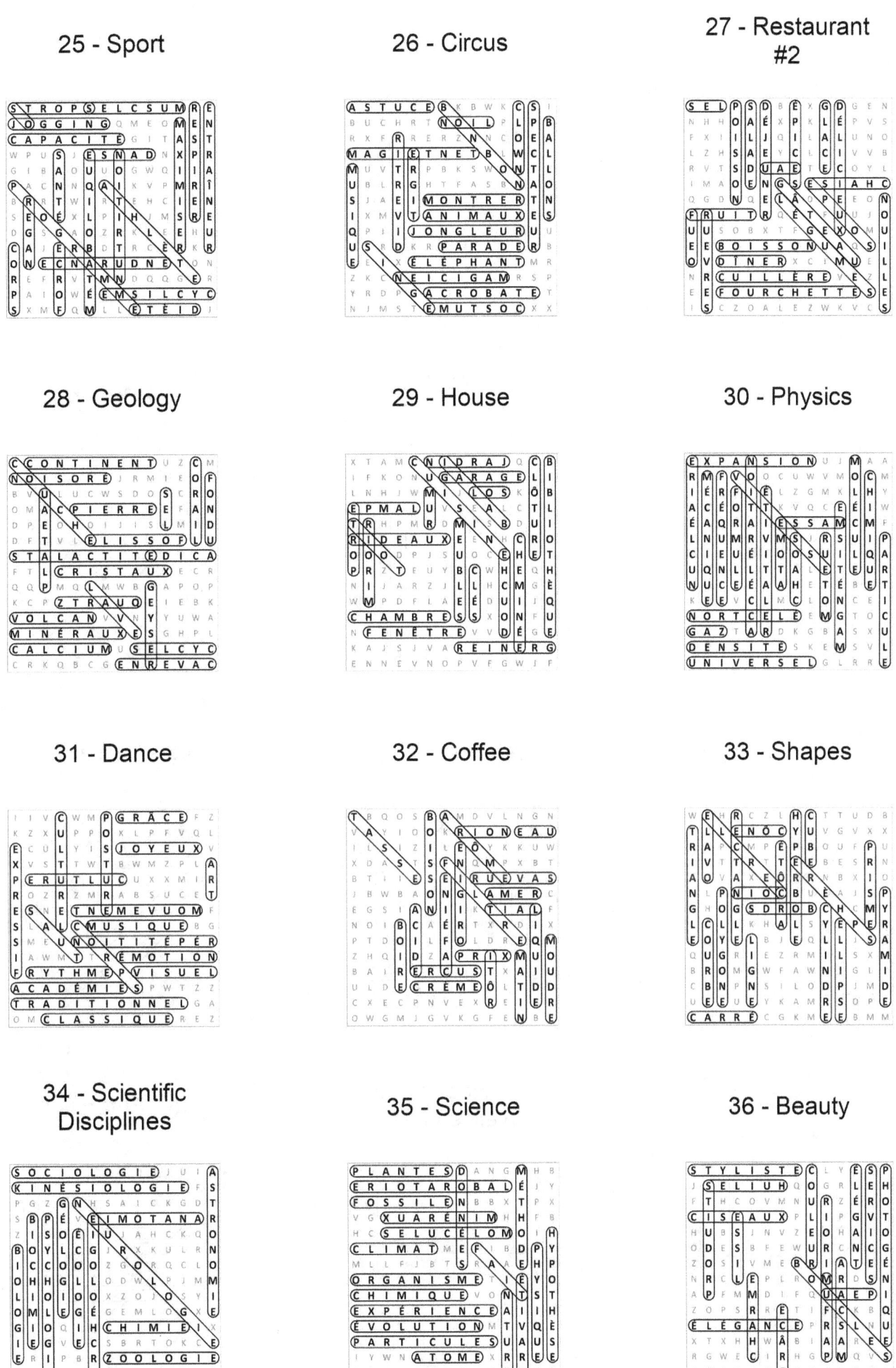

37 - Clothes
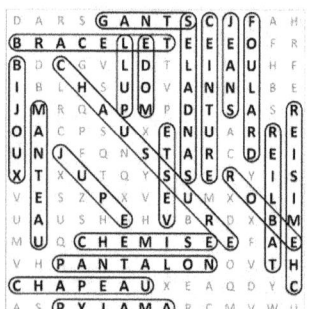

38 - Ethics

39 - Insects
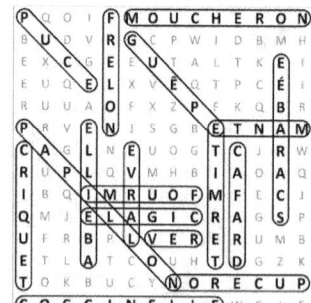

40 - Astronomy
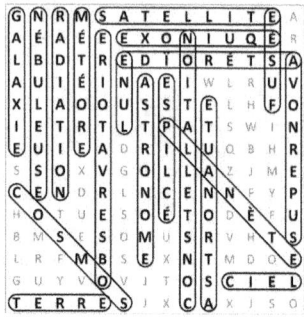

41 - Health and Wellness #2
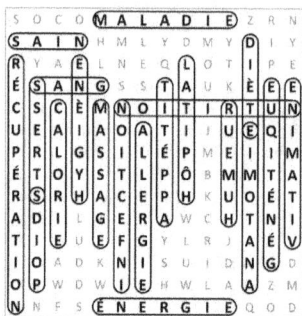

42 - Buildings
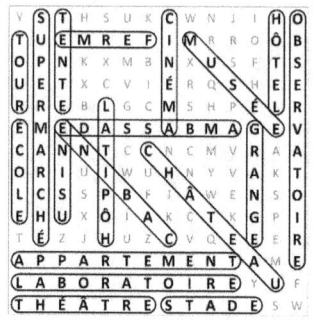

43 - Philanthropy
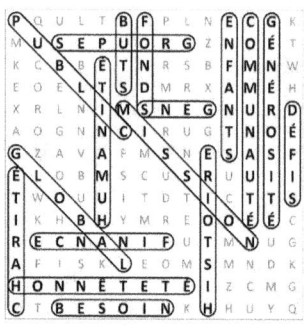

44 - Gardening
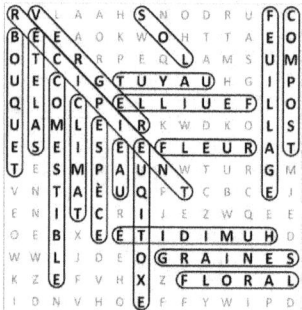

45 - Herbalism
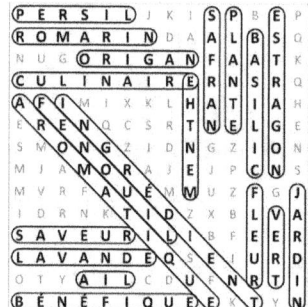

46 - Flowers
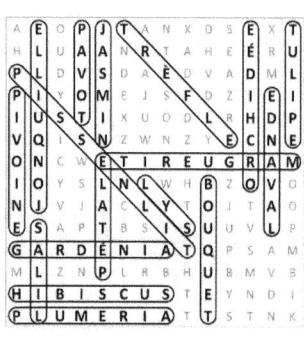

47 - Health and Wellness #1
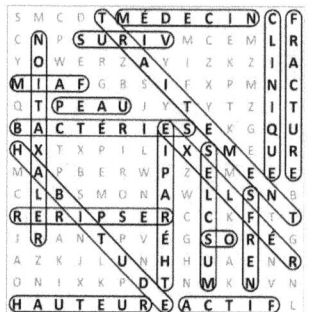

48 - Antarctica
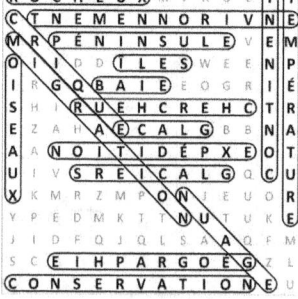

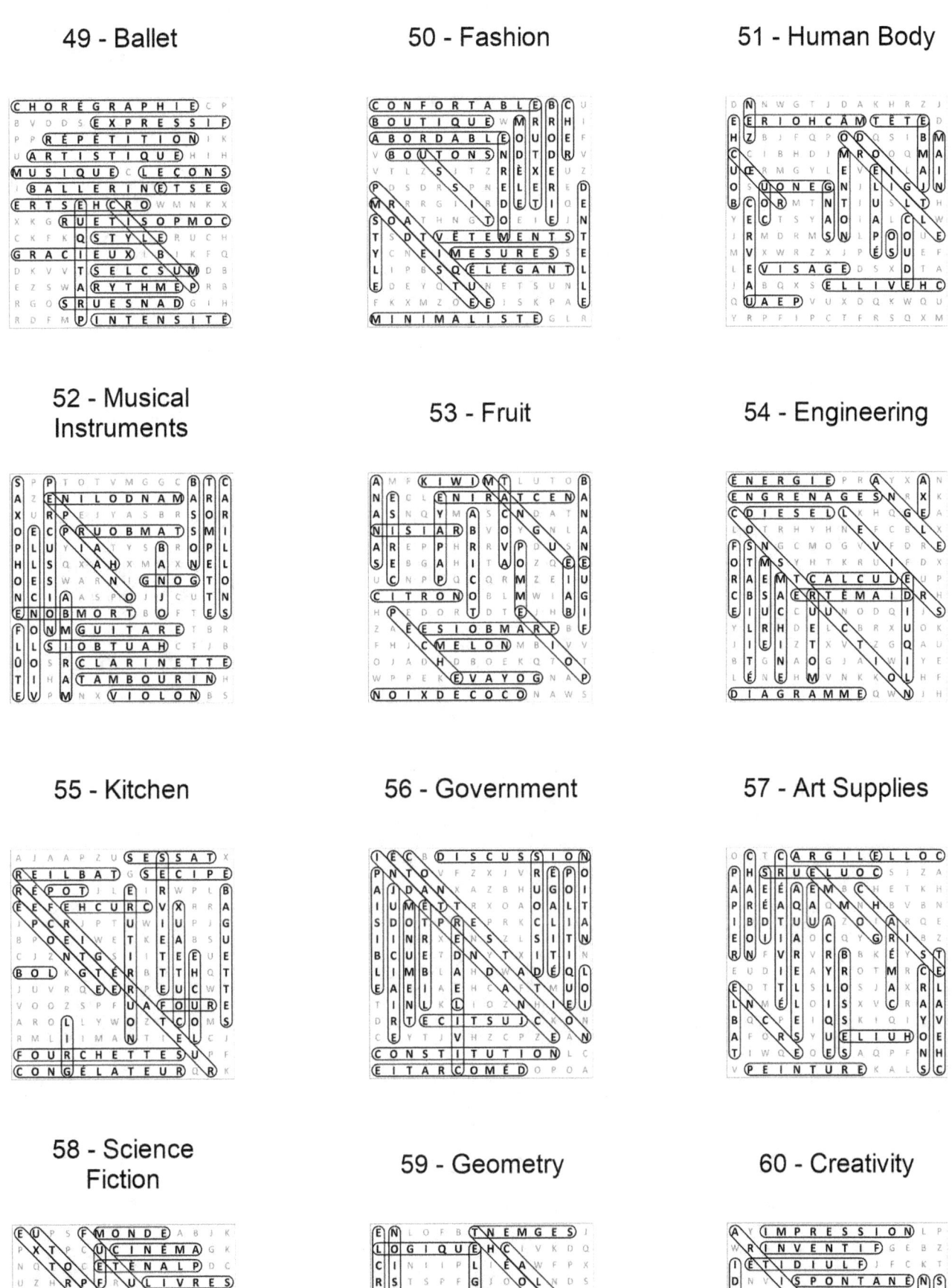

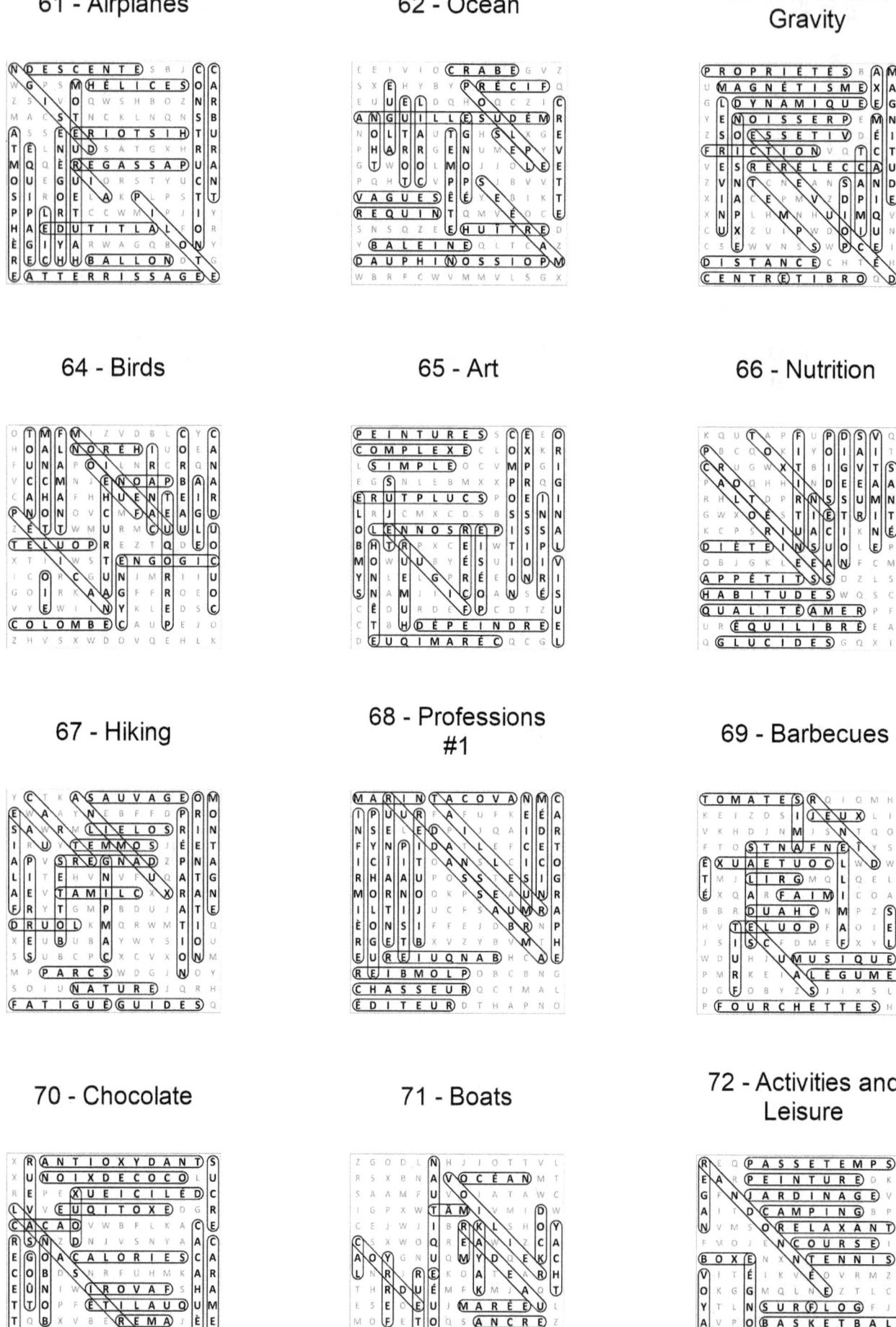

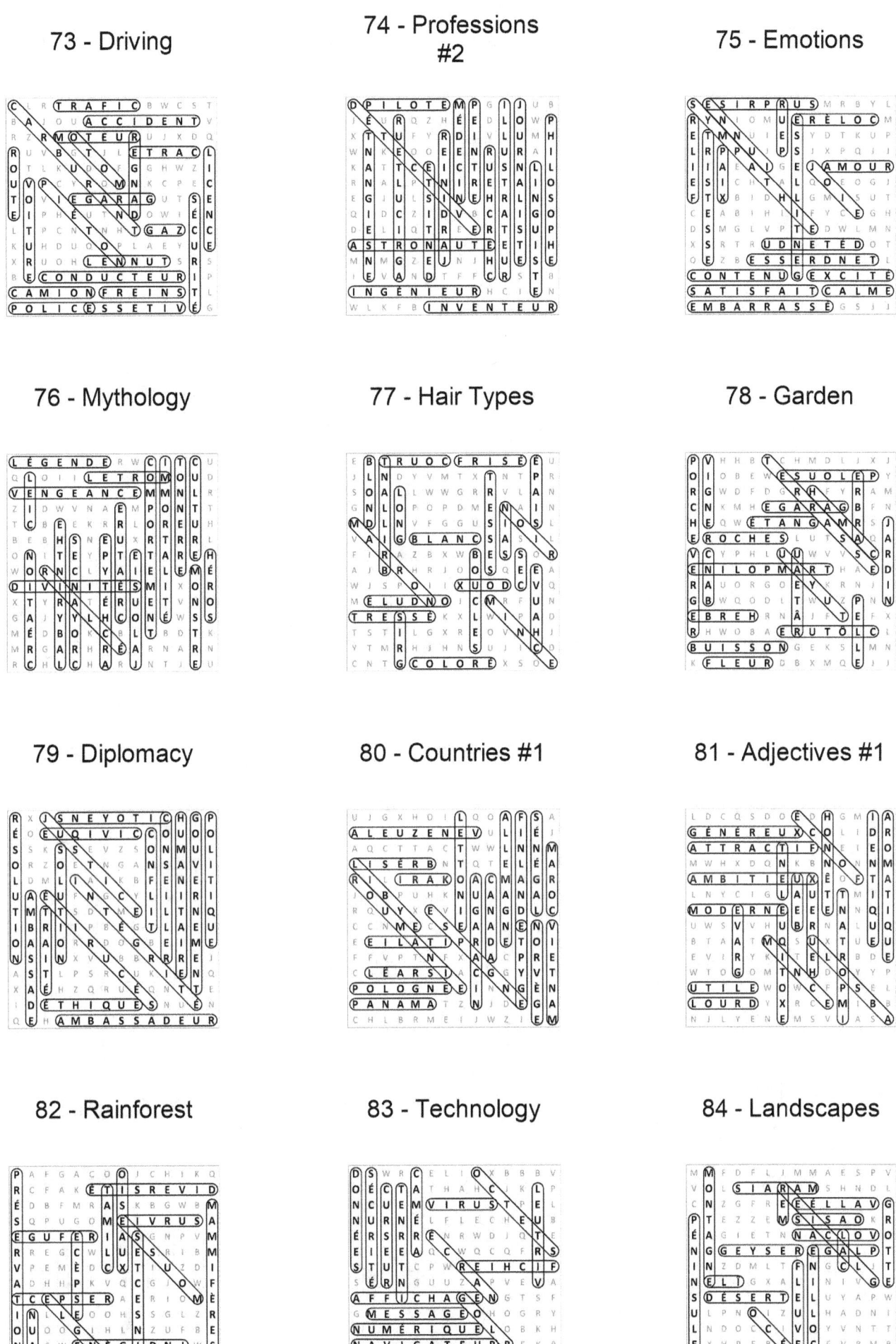

85 - Plants
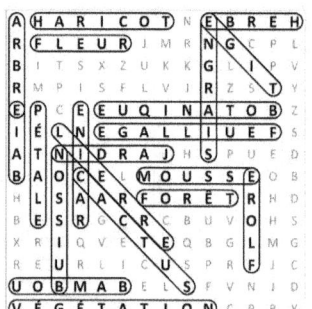

86 - Boxing

87 - Countries #2
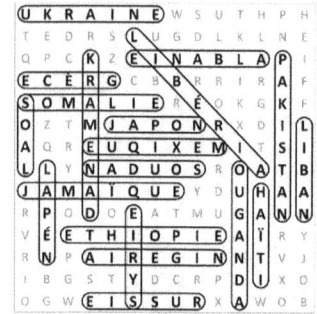

88 - Ecology
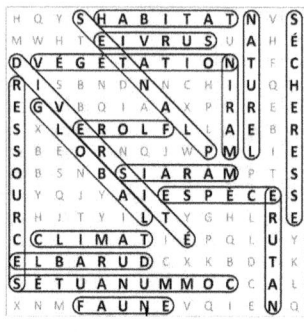

89 - Adjectives #2
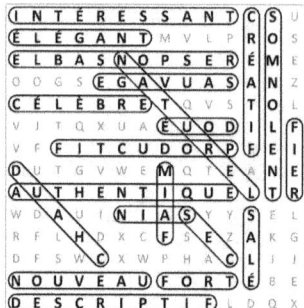

90 - Psychology
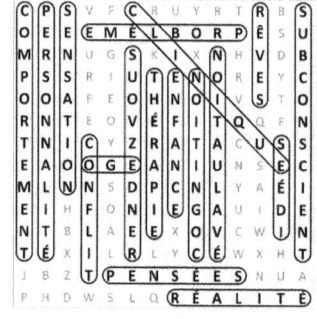

91 - Math
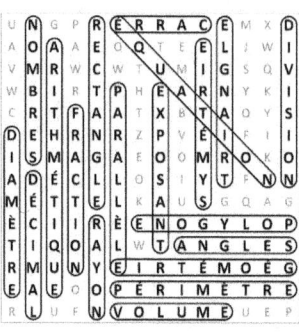

92 - Activities
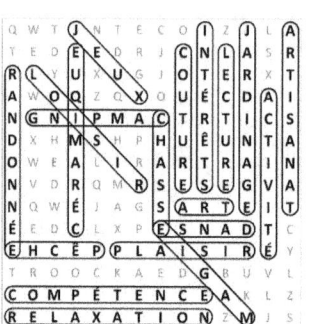

93 - Business
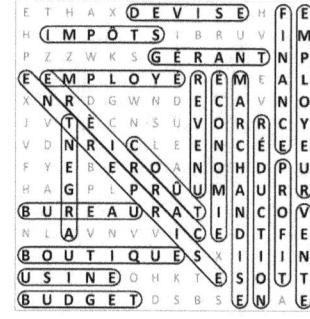

94 - The Company
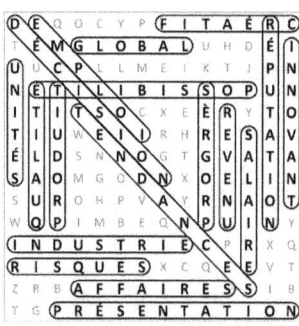

95 - Literature
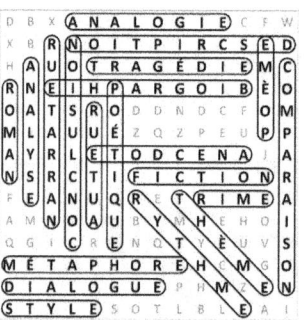

96 - Geography
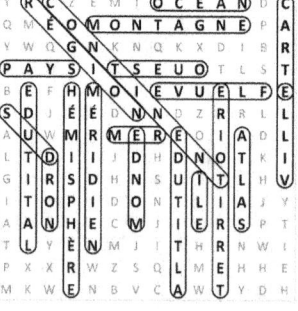

97 - Pets
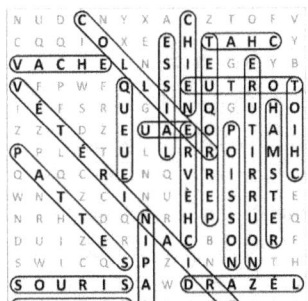

98 - Jazz
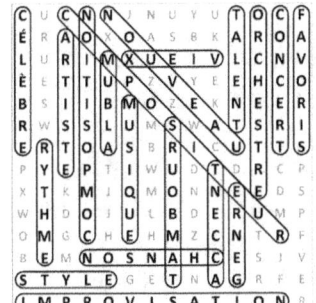

99 - Nature
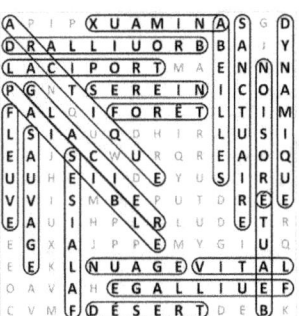

100 - Electricity
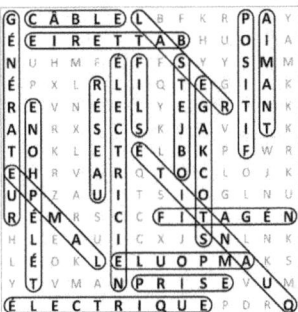

Dictionary

Activities
Activités

Activity	Activité
Art	Art
Camping	Camping
Ceramics	Céramique
Crafts	Artisanat
Dancing	Danse
Fishing	Pêche
Games	Jeux
Gardening	Jardinage
Hiking	Randonnée
Hunting	Chasse
Interests	Intérêts
Leisure	Loisir
Magic	Magie
Photography	Photographie
Pleasure	Plaisir
Reading	Lecture
Relaxation	Relaxation
Sewing	Couture
Skill	Compétence

Activities and Leisure
Activités et Loisirs

Art	Art
Baseball	Base-Ball
Basketball	Basket-Ball
Boxing	Boxe
Camping	Camping
Diving	Plongée
Fishing	Pêche
Gardening	Jardinage
Golf	Golf
Hiking	Randonnée
Hobbies	Passe-Temps
Painting	Peinture
Racing	Course
Relaxing	Relaxant
Soccer	Football
Surfing	Surf
Swimming	Nager
Tennis	Tennis
Travel	Voyage
Volleyball	Volley-Ball

Adjectives #1
Adjectifs #1

Absolute	Absolu
Ambitious	Ambitieux
Aromatic	Aromatique
Artistic	Artistique
Attractive	Attractif
Beautiful	Beau
Dark	Foncé
Exotic	Exotique
Generous	Généreux
Happy	Heureux
Heavy	Lourd
Helpful	Utile
Honest	Honnête
Identical	Identique
Important	Important
Modern	Moderne
Serious	Grave
Slow	Lent
Thin	Mince
Valuable	Précieux

Adjectives #2
Adjectifs #2

Authentic	Authentique
Creative	Créatif
Descriptive	Descriptif
Dry	Sec
Elegant	Élégant
Famous	Célèbre
Gifted	Doué
Healthy	Sain
Hot	Chaud
Hungry	Faim
Interesting	Intéressant
Natural	Naturel
New	Nouveau
Productive	Productif
Proud	Fier
Responsible	Responsable
Salty	Salé
Sleepy	Somnolent
Strong	Fort
Wild	Sauvage

Adventure
Aventure

Activity	Activité
Beauty	Beauté
Bravery	Bravoure
Challenges	Défis
Chance	Chance
Dangerous	Dangereux
Destination	Destination
Difficulty	Difficulté
Enthusiasm	Enthousiasme
Excursion	Excursion
Friends	Amis
Itinerary	Itinéraire
Joy	Joie
Nature	Nature
Navigation	Navigation
New	Nouveau
Opportunity	Opportunité
Preparation	Préparation
Safety	Sécurité
Unusual	Inhabituel

Airplanes
Avions

Adventure	Aventure
Air	Air
Altitude	Altitude
Atmosphere	Atmosphère
Balloon	Ballon
Construction	Construction
Crew	Équipage
Descent	Descente
Design	Design
Engine	Moteur
Fuel	Carburant
Height	Hauteur
History	Histoire
Hydrogen	Hydrogène
Landing	Atterrissage
Passenger	Passager
Pilot	Pilote
Propellers	Hélices
Sky	Ciel
Turbulence	Turbulence

Algebra
Algèbre

Addition	Addition
Diagram	Diagramme
Division	Division
Equation	Équation
Exponent	Exposant
Factor	Facteur
False	Faux
Formula	Formule
Fraction	Fraction
Infinite	Infini
Linear	Linéaire
Matrix	Matrice
Number	Nombre
Parenthesis	Parenthèse
Problem	Problème
Simplify	Simplifier
Solution	Solution
Subtraction	Soustraction
Variable	Variable
Zero	Zéro

Antarctica
Antarctique

Bay	Baie
Birds	Oiseaux
Clouds	Nuage
Conservation	Conservation
Continent	Continent
Cove	Crique
Environment	Environnement
Expedition	Expédition
Geography	Géographie
Glaciers	Glaciers
Ice	Glace
Islands	Îles
Migration	Migration
Peninsula	Péninsule
Researcher	Chercheur
Rocky	Rocheux
Scientific	Scientifique
Temperature	Température
Topography	Topographie
Water	Eau

Antiques
Antiquités

Art	Art
Auction	Enchères
Authentic	Authentique
Century	Siècle
Coins	Pièces
Condition	Condition
Decades	Décennies
Decorative	Décoratif
Elegant	Élégant
Furniture	Meubles
Gallery	Galerie
Jewelry	Bijoux
Old	Vieux
Price	Prix
Quality	Qualité
Restoration	Restauration
Sculpture	Sculpture
Style	Style
Unusual	Inhabituel
Value	Valeur

Archeology
Archéologie

Analysis	Analyse
Ancient	Ancien
Antiquity	Antiquité
Bones	Os
Civilization	Civilisation
Descendant	Descendant
Era	Ère
Evaluation	Évaluation
Expert	Expert
Findings	Résultats
Forgotten	Oublié
Fossil	Fossile
Mystery	Mystère
Objects	Objets
Relic	Relique
Researcher	Chercheur
Team	Équipe
Temple	Temple
Tomb	Tombe
Unknown	Inconnu

Art
Art

Ceramic	Céramique
Complex	Complexe
Composition	Composition
Create	Créer
Expression	Expression
Figure	Figure
Honest	Honnête
Inspired	Inspiré
Mood	Humeur
Original	Original
Paintings	Peintures
Personal	Personnel
Poetry	Poésie
Portray	Dépeindre
Sculpture	Sculpture
Simple	Simple
Subject	Sujet
Surrealism	Surréalisme
Symbol	Symbole
Visual	Visuel

Art Supplies
Fournitures d'Art

Acrylic	Acrylique
Brushes	Brosses
Camera	Caméra
Chair	Chaise
Charcoal	Charbon
Clay	Argile
Colors	Couleurs
Creativity	Créativité
Easel	Chevalet
Eraser	Gomme
Glue	Colle
Ideas	Idées
Ink	Encre
Oil	Huile
Paints	Peinture
Paper	Papier
Pencils	Crayons
Table	Table
Water	Eau
Watercolors	Aquarelles

Astronomy
Astronomie

Asteroid	Astéroïde
Astronaut	Astronaute
Astronomer	Astronome
Constellation	Constellation
Cosmos	Cosmos
Earth	Terre
Eclipse	Éclipse
Equinox	Équinoxe
Galaxy	Galaxie
Meteor	Météore
Moon	Lune
Nebula	Nébuleuse
Observatory	Observatoire
Planet	Planète
Radiation	Radiation
Rocket	Fusée
Satellite	Satellite
Sky	Ciel
Supernova	Supernova
Zodiac	Zodiaque

Ballet
Ballet

Artistic	Artistique
Audience	Public
Ballerina	Ballerine
Choreography	Chorégraphie
Composer	Compositeur
Dancers	Danseurs
Expressive	Expressif
Gesture	Geste
Graceful	Gracieux
Intensity	Intensité
Lessons	Leçons
Muscles	Muscles
Music	Musique
Orchestra	Orchestre
Practice	Pratique
Rehearsal	Répétition
Rhythm	Rythme
Skill	Compétence
Style	Style
Technique	Technique

Barbecues
Barbecues

Chicken	Poulet
Children	Enfants
Dinner	Dîner
Family	Famille
Food	Nourriture
Forks	Fourchettes
Friends	Amis
Fruit	Fruit
Games	Jeux
Grill	Gril
Hot	Chaud
Hunger	Faim
Knives	Couteaux
Music	Musique
Salads	Salades
Salt	Sel
Sauce	Sauce
Summer	Été
Tomatoes	Tomates
Vegetables	Légumes

Beauty
Beauté

Charm	Charme
Color	Couleur
Cosmetics	Cosmétique
Curls	Boucles
Elegance	Élégance
Elegant	Élégant
Fragrance	Parfum
Grace	Grâce
Makeup	Maquillage
Mascara	Mascara
Mirror	Miroir
Oils	Huiles
Photogenic	Photogénique
Products	Produits
Scissors	Ciseaux
Services	Services
Shampoo	Shampooing
Skin	Peau
Smooth	Lisse
Stylist	Styliste

Bees
Les Abeilles

Beneficial	Bénéfique
Blossom	Fleur
Diversity	Diversité
Ecosystem	Écosystème
Flowers	Fleurs
Food	Nourriture
Fruit	Fruit
Garden	Jardin
Habitat	Habitat
Hive	Ruche
Honey	Miel
Insect	Insecte
Plants	Plantes
Pollen	Pollen
Pollinator	Pollinisateur
Queen	Reine
Smoke	Fumée
Sun	Soleil
Swarm	Essaim
Wax	Cire

Birds
Oiseaux

Canary	Canari
Chicken	Poulet
Crow	Corbeau
Cuckoo	Coucou
Dove	Colombe
Duck	Canard
Eagle	Aigle
Egg	Oeuf
Flamingo	Flamant
Goose	Oie
Heron	Héron
Ostrich	Autruche
Parrot	Perroquet
Peacock	Paon
Pelican	Pélican
Penguin	Manchot
Sparrow	Moineau
Stork	Cigogne
Swan	Cygne
Toucan	Toucan

Boats
Bateaux

Anchor	Ancre
Buoy	Bouée
Canoe	Canoë
Crew	Équipage
Dock	Dock
Engine	Moteur
Ferry	Ferry
Kayak	Kayak
Lake	Lac
Mast	Mât
Nautical	Nautique
Ocean	Océan
Raft	Radeau
River	Fleuve
Rope	Corde
Sailboat	Voilier
Sailor	Marin
Sea	Mer
Tide	Marée
Yacht	Yacht

Books
Livres

Adventure	Aventure
Author	Auteur
Collection	Collection
Context	Contexte
Duality	Dualité
Epic	Épique
Historical	Historique
Humorous	Humoristique
Inventive	Inventif
Literary	Littéraire
Narrator	Narrateur
Novel	Roman
Page	Page
Poem	Poème
Poetry	Poésie
Reader	Lecteur
Relevant	Pertinent
Story	Histoire
Tragic	Tragique
Written	Écrit

Boxing
Boxe

Bell	Cloche
Body	Corps
Chin	Menton
Corner	Coin
Elbow	Coude
Exhausted	Épuisé
Fighter	Combattant
Fist	Poing
Focus	Concentrer
Gloves	Gants
Injuries	Blessures
Kick	Coup
Opponent	Adversaire
Points	Points
Quick	Rapide
Recovery	Récupération
Referee	Arbitre
Ropes	Cordes
Skill	Compétence
Strength	Force

Buildings
Bâtiments

Apartment	Appartement
Barn	Grange
Cabin	Cabine
Castle	Château
Cinema	Cinéma
Embassy	Ambassade
Factory	Usine
Farm	Ferme
Hospital	Hôpital
Hotel	Hôtel
Laboratory	Laboratoire
Museum	Musée
Observatory	Observatoire
School	École
Stadium	Stade
Supermarket	Supermarché
Tent	Tente
Theater	Théâtre
Tower	Tour
University	Université

Business
Entreprise

Budget	Budget
Career	Carrière
Company	Entreprise
Cost	Coût
Currency	Devise
Discount	Réduction
Economics	Économie
Employee	Employé
Employer	Employeur
Factory	Usine
Finance	Finance
Income	Revenu
Manager	Gérant
Merchandise	Marchandise
Money	Argent
Office	Bureau
Profit	Profit
Sale	Vente
Shop	Boutique
Taxes	Impôts

Camping
Camping

Adventure	Aventure
Animals	Animaux
Cabin	Cabine
Canoe	Canoë
Compass	Boussole
Fire	Feu
Forest	Forêt
Fun	Amusement
Hammock	Hamac
Hat	Chapeau
Hunting	Chasse
Insect	Insecte
Lake	Lac
Map	Carte
Moon	Lune
Mountain	Montagne
Nature	Nature
Rope	Corde
Tent	Tente
Trees	Arbres

Chemistry
Chimie

Acid	Acide
Alkaline	Alcalin
Atomic	Atomique
Carbon	Carbone
Catalyst	Catalyseur
Chlorine	Chlore
Electron	Électron
Enzyme	Enzyme
Gas	Gaz
Heat	Chaleur
Hydrogen	Hydrogène
Ion	Ion
Liquid	Liquide
Molecule	Molécule
Nuclear	Nucléaire
Organic	Organique
Oxygen	Oxygène
Salt	Sel
Temperature	Température
Weight	Poids

Chess
Échecs

Black	Noir
Challenges	Défis
Champion	Champion
Clever	Intelligent
Contest	Concours
Diagonal	Diagonal
Game	Jeu
King	Roi
Opponent	Adversaire
Passive	Passif
Player	Joueur
Points	Points
Queen	Reine
Rules	Règles
Sacrifice	Sacrifice
Strategy	Stratégie
Time	Temps
To Learn	Apprendre
Tournament	Tournoi
White	Blanc

Chocolate
Chocolat

Antioxidant	Antioxydant
Aroma	Arôme
Artisanal	Artisanal
Bitter	Amer
Cacao	Cacao
Calories	Calories
Candy	Bonbon
Caramel	Caramel
Coconut	Noix de Coco
Delicious	Délicieux
Exotic	Exotique
Favorite	Favori
Flavor	Saveur
Ingredient	Ingrédient
Peanuts	Cacahuètes
Quality	Qualité
Recipe	Recette
Sugar	Sucre
Sweet	Doux
Taste	Goût

Circus
Cirque

Acrobat	Acrobate
Animals	Animaux
Balloons	Ballons
Candy	Bonbon
Clown	Clown
Costume	Costume
Elephant	Éléphant
Entertain	Divertir
Juggler	Jongleur
Lion	Lion
Magic	Magie
Magician	Magicien
Monkey	Singe
Music	Musique
Parade	Parade
Show	Montrer
Spectator	Spectateur
Tent	Tente
Tiger	Tigre
Trick	Astuce

Clothes
Vêtements

Apron	Tablier
Belt	Ceinture
Blouse	Chemisier
Bracelet	Bracelet
Coat	Manteau
Dress	Robe
Fashion	Mode
Gloves	Gants
Hat	Chapeau
Jacket	Veste
Jeans	Jeans
Jewelry	Bijoux
Pajamas	Pyjama
Pants	Pantalon
Sandals	Sandales
Scarf	Foulard
Shirt	Chemise
Shoe	Chaussure
Skirt	Jupe
Sweater	Pull

Coffee
Café

Acidic	Acide
Aroma	Arôme
Beverage	Boisson
Bitter	Amer
Black	Noir
Caffeine	Caféine
Cream	Crème
Cup	Tasse
Filter	Filtre
Flavor	Saveur
Grind	Moudre
Liquid	Liquide
Milk	Lait
Morning	Matin
Origin	Origine
Price	Prix
Roasted	Rôti
Sugar	Sucre
To Drink	Boire
Water	Eau

Countries #1
Pays #1

Brazil	Brésil
Canada	Canada
Egypt	Egypte
Finland	Finlande
Germany	Allemagne
Iraq	Irak
Israel	Israël
Italy	Italie
Latvia	Lettonie
Libya	Libye
Morocco	Maroc
Nicaragua	Nicaragua
Norway	Norvège
Panama	Panama
Poland	Pologne
Romania	Roumanie
Senegal	Sénégal
Spain	Espagne
Venezuela	Venezuela
Vietnam	Vietnam

Countries #2
Pays #2

Albania	Albanie
Denmark	Danemark
Ethiopia	Ethiopie
Greece	Grèce
Haiti	Haïti
Jamaica	Jamaïque
Japan	Japon
Laos	Laos
Lebanon	Liban
Liberia	Libéria
Mexico	Mexique
Nepal	Népal
Nigeria	Nigeria
Pakistan	Pakistan
Russia	Russie
Somalia	Somalie
Sudan	Soudan
Syria	Syrie
Uganda	Ouganda
Ukraine	Ukraine

Creativity
Créativité

Artistic	Artistique
Authenticity	Authenticité
Clarity	Clarté
Dramatic	Dramatique
Emotions	Émotions
Expression	Expression
Fluidity	Fluidité
Ideas	Idées
Image	Image
Imagination	Imagination
Impression	Impression
Inspiration	Inspiration
Intensity	Intensité
Intuition	Intuition
Inventive	Inventif
Sensation	Sensation
Skill	Compétence
Spontaneous	Spontané
Visions	Visions
Vitality	Vitalité

Dance
Danse

Academy	Académie
Art	Art
Body	Corps
Choreography	Chorégraphie
Classical	Classique
Cultural	Culturel
Culture	Culture
Emotion	Émotion
Expressive	Expressif
Grace	Grâce
Joyful	Joyeux
Jump	Saut
Movement	Mouvement
Music	Musique
Partner	Partenaire
Posture	Posture
Rehearsal	Répétition
Rhythm	Rythme
Traditional	Traditionnel
Visual	Visuel

Days and Months
Jours et Mois

April	Avril
August	Août
Calendar	Calendrier
February	Février
Friday	Vendredi
January	Janvier
July	Juillet
March	Mars
Monday	Lundi
Month	Mois
November	Novembre
October	Octobre
Saturday	Samedi
September	Septembre
Sunday	Dimanche
Thursday	Jeudi
Tuesday	Mardi
Wednesday	Mercredi
Week	Semaine
Year	Année

Diplomacy
Diplomatie

Adviser	Conseiller
Ambassador	Ambassadeur
Citizens	Citoyens
Civic	Civique
Community	Communauté
Conflict	Conflit
Cooperation	Coopération
Diplomatic	Diplomatique
Discussion	Discussion
Embassy	Ambassade
Ethics	Éthique
Government	Gouvernement
Humanitarian	Humanitaire
Integrity	Intégrité
Justice	Justice
Politics	Politique
Resolution	Résolution
Security	Sécurité
Solution	Solution
Treaty	Traité

Driving
Conduite

Accident	Accident
Brakes	Freins
Car	Voiture
Danger	Danger
Driver	Conducteur
Fuel	Carburant
Garage	Garage
Gas	Gaz
License	Licence
Map	Carte
Motor	Moteur
Motorcycle	Moto
Pedestrian	Piéton
Police	Police
Road	Route
Safety	Sécurité
Speed	Vitesse
Traffic	Trafic
Truck	Camion
Tunnel	Tunnel

Ecology
Écologie

Climate	Climat
Communities	Communautés
Diversity	Diversité
Drought	Sécheresse
Fauna	Faune
Flora	Flore
Global	Global
Habitat	Habitat
Marine	Marin
Marsh	Marais
Mountains	Montagnes
Natural	Naturel
Nature	Nature
Plants	Plantes
Resources	Ressources
Species	Espèce
Survival	Survie
Sustainable	Durable
Vegetation	Végétation
Volunteers	Bénévoles

Electricity
Électricité

Battery	Batterie
Bulb	Ampoule
Cable	Câble
Electric	Électrique
Electrician	Électricien
Equipment	Équipement
Generator	Générateur
Lamp	Lampe
Laser	Laser
Magnet	Aimant
Negative	Négatif
Network	Réseau
Objects	Objets
Positive	Positif
Quantity	Quantité
Socket	Prise
Storage	Stockage
Telephone	Téléphone
Television	Télévision
Wires	Fils

Emotions
Émotions

Anger	Colère
Boredom	Ennui
Calm	Calme
Content	Contenu
Embarrassed	Embarrassé
Excited	Excité
Fear	Peur
Grateful	Reconnaissant
Joy	Joie
Kindness	Gentillesse
Love	Amour
Peace	Paix
Relaxed	Détendu
Relief	Relief
Sadness	Tristesse
Satisfied	Satisfait
Surprise	Surprise
Sympathy	Sympathie
Tenderness	Tendresse
Tranquility	Tranquillité

Energy
Énergie

Battery	Batterie
Carbon	Carbone
Diesel	Diesel
Electric	Électrique
Electron	Électron
Entropy	Entropie
Environment	Environnement
Fuel	Carburant
Gasoline	Essence
Heat	Chaleur
Hydrogen	Hydrogène
Industry	Industrie
Motor	Moteur
Nuclear	Nucléaire
Photon	Photon
Pollution	Pollution
Renewable	Renouvelable
Steam	Vapeur
Turbine	Turbine
Wind	Vent

Engineering
Ingénierie

Angle	Angle
Axis	Axe
Calculation	Calcul
Construction	Construction
Depth	Profondeur
Diagram	Diagramme
Diameter	Diamètre
Diesel	Diesel
Distribution	Distribution
Energy	Énergie
Gears	Engrenages
Levers	Leviers
Liquid	Liquide
Machine	Machine
Measurement	Mesure
Motor	Moteur
Propulsion	Propulsion
Stability	Stabilité
Strength	Force
Structure	Structure

Ethics
Éthique

Altruism	Altruisme
Benevolent	Bienveillant
Compassion	Compassion
Cooperation	Coopération
Dignity	Dignité
Diplomatic	Diplomatique
Honesty	Honnêteté
Humanity	Humanité
Integrity	Intégrité
Kindness	Gentillesse
Optimism	Optimisme
Patience	Patience
Philosophy	Philosophie
Rationality	Rationalité
Realism	Réalisme
Reasonable	Raisonnable
Respectful	Respectueux
Tolerance	Tolérance
Values	Valeurs
Wisdom	Sagesse

Exploration
Exploration

Activity	Activité
Animals	Animaux
Courage	Courage
Cultures	Cultures
Determination	Détermination
Discovery	Découverte
Distant	Lointain
Excitement	Excitation
Exhaustion	Épuisement
Hazards	Dangers
Language	Langue
New	Nouveau
Perilous	Périlleux
Quest	Quête
Space	Espace
Terrain	Terrain
To Learn	Apprendre
Travel	Voyage
Unknown	Inconnu
Wild	Sauvage

Family
Famille

Ancestor	Ancêtre
Aunt	Tante
Brother	Frère
Child	Enfant
Childhood	Enfance
Children	Enfants
Cousin	Cousin
Daughter	Fille
Grandchild	Petit-Enfant
Grandfather	Grand-Père
Grandson	Petit-Fils
Husband	Mari
Maternal	Maternel
Mother	Mère
Nephew	Neveu
Niece	Nièce
Paternal	Paternel
Sister	Soeur
Uncle	Oncle
Wife	Femme

Farm #1
Ferme #1

Agriculture	Agriculture
Bee	Abeille
Bison	Bison
Calf	Veau
Cat	Chat
Chicken	Poulet
Cow	Vache
Crow	Corbeau
Dog	Chien
Donkey	Âne
Fence	Clôture
Fertilizer	Engrais
Field	Champ
Goat	Chèvre
Hay	Foin
Honey	Miel
Horse	Cheval
Rice	Riz
Seeds	Graines
Water	Eau

Farm #2
Ferme #2

Animals	Animaux
Barley	Orge
Barn	Grange
Corn	Maïs
Duck	Canard
Farmer	Agriculteur
Food	Nourriture
Fruit	Fruit
Irrigation	Irrigation
Lamb	Agneau
Llama	Lama
Meadow	Pré
Milk	Lait
Orchard	Verger
Sheep	Mouton
Shepherd	Berger
Tractor	Tracteur
Vegetable	Légume
Wheat	Blé
Windmill	Moulin à Vent

Fashion
Mode

Affordable	Abordable
Boutique	Boutique
Buttons	Boutons
Clothing	Vêtements
Comfortable	Confortable
Elegant	Élégant
Embroidery	Broderie
Expensive	Cher
Fabric	Tissu
Lace	Dentelle
Measurements	Mesures
Minimalist	Minimaliste
Modern	Moderne
Modest	Modeste
Original	Original
Pattern	Modèle
Practical	Pratique
Style	Style
Texture	Texture
Trend	Tendance

Flowers
Fleurs

Bouquet	Bouquet
Clover	Trèfle
Daffodil	Jonquille
Daisy	Marguerite
Dandelion	Pissenlit
Gardenia	Gardénia
Hibiscus	Hibiscus
Jasmine	Jasmin
Lavender	Lavande
Lilac	Lilas
Lily	Lys
Magnolia	Magnolia
Orchid	Orchidée
Passionflower	Passiflore
Peony	Pivoine
Petal	Pétale
Plumeria	Plumeria
Poppy	Pavot
Sunflower	Tournesol
Tulip	Tulipe

Food #1
Nourriture #1

Apricot	Abricot
Barley	Orge
Basil	Basilic
Carrot	Carotte
Cinnamon	Cannelle
Garlic	Ail
Juice	Jus
Lemon	Citron
Milk	Lait
Onion	Oignon
Peanut	Arachide
Pear	Poire
Salad	Salade
Salt	Sel
Soup	Soupe
Spinach	Épinard
Strawberry	Fraise
Sugar	Sucre
Tuna	Thon
Turnip	Navet

Food #2
Nourriture #2

Apple	Pomme
Artichoke	Artichaut
Banana	Banane
Broccoli	Brocoli
Celery	Céleri
Cheese	Fromage
Cherry	Cerise
Chicken	Poulet
Chocolate	Chocolat
Egg	Oeuf
Eggplant	Aubergine
Fish	Poisson
Grape	Raisin
Ham	Jambon
Kiwi	Kiwi
Mushroom	Champignon
Rice	Riz
Tomato	Tomate
Wheat	Blé
Yogurt	Yaourt

Force and Gravity
Force et Gravité

Axis	Axe
Center	Centre
Discovery	Découverte
Distance	Distance
Dynamic	Dynamique
Expansion	Expansion
Friction	Friction
Impact	Impact
Magnetism	Magnétisme
Magnitude	Magnitude
Mechanics	Mécanique
Orbit	Orbite
Physics	Physique
Pressure	Pression
Properties	Propriétés
Speed	Vitesse
Time	Temps
To Accelerate	Accélérer
Universal	Universel
Weight	Poids

Fruit
Fruit

Apple	Pomme
Apricot	Abricot
Avocado	Avocat
Banana	Banane
Berry	Baie
Cherry	Cerise
Coconut	Noix de Coco
Fig	Figue
Grape	Raisin
Guava	Goyave
Kiwi	Kiwi
Lemon	Citron
Mango	Mangue
Melon	Melon
Nectarine	Nectarine
Papaya	Papaye
Peach	Pêche
Pear	Poire
Pineapple	Ananas
Raspberry	Framboise

Garden
Jardin

Bench	Banc
Bush	Buisson
Fence	Clôture
Flower	Fleur
Garage	Garage
Garden	Jardin
Grass	Herbe
Hammock	Hamac
Hose	Tuyau
Lawn	Pelouse
Orchard	Verger
Pond	Étang
Porch	Porche
Rake	Râteau
Rocks	Roches
Shovel	Pelle
Terrace	Terrasse
Trampoline	Trampoline
Tree	Arbre
Vine	Vigne

Gardening
Jardinage

Blossom	Fleur
Botanical	Botanique
Bouquet	Bouquet
Climate	Climat
Compost	Compost
Container	Récipient
Dirt	Saleté
Edible	Comestible
Exotic	Exotique
Floral	Floral
Foliage	Feuillage
Hose	Tuyau
Leaf	Feuille
Moisture	Humidité
Orchard	Verger
Seasonal	Saisonnier
Seeds	Graines
Soil	Sol
Species	Espèce
Water	Eau

Geography
Géographie

Altitude	Altitude
Atlas	Atlas
City	Ville
Continent	Continent
Country	Pays
Hemisphere	Hémisphère
Island	Île
Latitude	Latitude
Map	Carte
Meridian	Méridien
Mountain	Montagne
North	Nord
Ocean	Océan
Region	Région
River	Fleuve
Sea	Mer
South	Sud
Territory	Territoire
West	Ouest
World	Monde

Geology
Géologie

Acid	Acide
Calcium	Calcium
Cavern	Caverne
Continent	Continent
Coral	Corail
Crystals	Cristaux
Cycles	Cycles
Erosion	Érosion
Fossil	Fossile
Geyser	Geyser
Lava	Lave
Layer	Couche
Minerals	Minéraux
Molten	Fondu
Plateau	Plateau
Quartz	Quartz
Salt	Sel
Stalactite	Stalactite
Stone	Pierre
Volcano	Volcan

Geometry
Géométrie

Angle	Angle
Calculation	Calcul
Circle	Cercle
Curve	Courbe
Diameter	Diamètre
Dimension	Dimension
Equation	Équation
Height	Hauteur
Horizontal	Horizontal
Logic	Logique
Mass	Masse
Median	Médian
Number	Nombre
Parallel	Parallèle
Proportion	Proportion
Segment	Segment
Surface	Surface
Symmetry	Symétrie
Theory	Théorie
Triangle	Triangle

Government
Gouvernement

Citizenship	Citoyenneté
Civil	Civil
Constitution	Constitution
Democracy	Démocratie
Discussion	Discussion
Dissent	Contestation
Equality	Égalité
Independence	Indépendance
Judicial	Judiciaire
Justice	Justice
Law	Loi
Leader	Leader
Liberty	Liberté
Monument	Monument
Nation	Nation
Peaceful	Paisible
Politics	Politique
Speech	Discours
State	État
Symbol	Symbole

Hair Types
Types de Cheveux

Bald	Chauve
Black	Noir
Blond	Blond
Braided	Tressé
Braids	Tresses
Brown	Marron
Colored	Coloré
Curls	Boucles
Curly	Frisé
Dry	Sec
Gray	Gris
Healthy	Sain
Long	Long
Shiny	Brillant
Short	Court
Soft	Doux
Thick	Épais
Thin	Mince
Wavy	Ondulé
White	Blanc

Health and Wellness #1
Santé et Bien-Être #1

Active	Actif
Bacteria	Bactéries
Bones	Os
Clinic	Clinique
Doctor	Médecin
Fracture	Fracture
Habit	Habitude
Height	Hauteur
Hormones	Hormone
Hunger	Faim
Muscles	Muscles
Nerves	Nerfs
Pharmacy	Pharmacie
Reflex	Réflexe
Relaxation	Relaxation
Skin	Peau
Therapy	Thérapie
To Breathe	Respirer
Treatment	Traitement
Virus	Virus

Health and Wellness #2
Santé et Bien-Être #2

Allergy	Allergie
Anatomy	Anatomie
Appetite	Appétit
Blood	Sang
Calorie	Calorie
Diet	Diète
Disease	Maladie
Energy	Énergie
Genetics	Génétique
Healthy	Sain
Hospital	Hôpital
Hygiene	Hygiène
Infection	Infection
Massage	Massage
Mood	Humeur
Nutrition	Nutrition
Recovery	Récupération
Stress	Stress
Vitamin	Vitamine
Weight	Poids

Herbalism
Herboristerie

Aromatic	Aromatique
Basil	Basilic
Beneficial	Bénéfique
Culinary	Culinaire
Fennel	Fenouil
Flavor	Saveur
Flower	Fleur
Garden	Jardin
Garlic	Ail
Green	Vert
Ingredient	Ingrédient
Lavender	Lavande
Marjoram	Marjolaine
Mint	Menthe
Oregano	Origan
Parsley	Persil
Plant	Plante
Rosemary	Romarin
Saffron	Safran
Tarragon	Estragon

Hiking
Randonnée

Animals	Animaux
Boots	Bottes
Camping	Camping
Cliff	Falaise
Climate	Climat
Guides	Guides
Hazards	Dangers
Heavy	Lourd
Map	Carte
Mountain	Montagne
Nature	Nature
Orientation	Orientation
Parks	Parcs
Preparation	Préparation
Stones	Pierres
Summit	Sommet
Sun	Soleil
Tired	Fatigué
Water	Eau
Wild	Sauvage

House
Maison

Attic	Grenier
Broom	Balai
Curtains	Rideaux
Door	Porte
Fence	Clôture
Fireplace	Cheminée
Floor	Sol
Furniture	Meubles
Garage	Garage
Garden	Jardin
Keys	Clés
Kitchen	Cuisine
Lamp	Lampe
Library	Bibliothèque
Mirror	Miroir
Roof	Toit
Room	Chambre
Shower	Douche
Wall	Mur
Window	Fenêtre

Human Body
Corps Humain

Ankle	Cheville
Blood	Sang
Bones	Os
Brain	Cerveau
Chin	Menton
Ear	Oreille
Elbow	Coude
Face	Visage
Finger	Doigt
Hand	Main
Head	Tête
Heart	Cœur
Jaw	Mâchoire
Knee	Genou
Leg	Jambe
Mouth	Bouche
Neck	Cou
Nose	Nez
Shoulder	Épaule
Skin	Peau

Insects
Insectes

Ant	Fourmi
Aphid	Puceron
Bee	Abeille
Beetle	Scarabée
Butterfly	Papillon
Cicada	Cigale
Cockroach	Cafard
Dragonfly	Libellule
Flea	Puce
Gnat	Moucheron
Grasshopper	Sauterelle
Hornet	Frelon
Ladybug	Coccinelle
Larva	Larve
Locust	Criquet
Mantis	Mante
Mosquito	Moustique
Termite	Termite
Wasp	Guêpe
Worm	Ver

Jazz
Jazz

Album	Album
Artist	Artiste
Composer	Compositeur
Composition	Composition
Concert	Concert
Drums	Tambours
Emphasis	Accent
Famous	Célèbre
Favorites	Favoris
Genre	Genre
Improvisation	Improvisation
Music	Musique
New	Nouveau
Old	Vieux
Orchestra	Orchestre
Rhythm	Rythme
Song	Chanson
Style	Style
Talent	Talent
Technique	Technique

Kitchen
Cuisine

Apron	Tablier
Bowl	Bol
Chopsticks	Baguettes
Cups	Tasses
Food	Nourriture
Forks	Fourchettes
Freezer	Congélateur
Grill	Gril
Jar	Pot
Jug	Cruche
Kettle	Bouilloire
Knives	Couteaux
Ladle	Louche
Napkin	Serviette
Oven	Four
Recipe	Recette
Refrigerator	Réfrigérateur
Spices	Épices
Sponge	Éponge
Spoons	Cuillères

Landscapes
Paysages

Beach	Plage
Cave	Grotte
Desert	Désert
Geyser	Geyser
Glacier	Glacier
Hill	Colline
Iceberg	Iceberg
Island	Île
Lake	Lac
Mountain	Montagne
Oasis	Oasis
Ocean	Océan
Peninsula	Péninsule
River	Fleuve
Sea	Mer
Swamp	Marais
Tundra	Toundra
Valley	Vallée
Volcano	Volcan
Waterfall	Cascade

Literature
Littérature

Analogy	Analogie
Analysis	Analyse
Anecdote	Anecdote
Author	Auteur
Biography	Biographie
Comparison	Comparaison
Conclusion	Conclusion
Description	Description
Dialogue	Dialogue
Fiction	Fiction
Metaphor	Métaphore
Narrator	Narrateur
Novel	Roman
Poem	Poème
Poetic	Poétique
Rhyme	Rime
Rhythm	Rythme
Style	Style
Theme	Thème
Tragedy	Tragédie

Mammals
Mammifères

Bear	Ours
Beaver	Castor
Bull	Taureau
Cat	Chat
Coyote	Coyote
Dog	Chien
Dolphin	Dauphin
Elephant	Éléphant
Fox	Renard
Giraffe	Girafe
Gorilla	Gorille
Horse	Cheval
Kangaroo	Kangourou
Lion	Lion
Monkey	Singe
Rabbit	Lapin
Sheep	Mouton
Whale	Baleine
Wolf	Loup
Zebra	Zèbre

Math
Mathématiques

Angles	Angles
Arithmetic	Arithmétique
Circumference	Circonférence
Decimal	Décimal
Diameter	Diamètre
Division	Division
Equation	Équation
Exponent	Exposant
Fraction	Fraction
Geometry	Géométrie
Numbers	Nombres
Parallel	Parallèle
Perimeter	Périmètre
Polygon	Polygone
Radius	Rayon
Rectangle	Rectangle
Square	Carré
Symmetry	Symétrie
Triangle	Triangle
Volume	Volume

Measurements
Mesures

Byte	Octet
Centimeter	Centimètre
Decimal	Décimal
Degree	Degré
Depth	Profondeur
Gram	Gramme
Height	Hauteur
Inch	Pouce
Kilogram	Kilogramme
Kilometer	Kilomètre
Length	Longueur
Liter	Litre
Mass	Masse
Meter	Mètre
Minute	Minute
Ounce	Once
Ton	Tonne
Volume	Volume
Weight	Poids
Width	Largeur

Meditation
Méditation

Acceptance	Acceptation
Awake	Éveillé
Breathing	Respiration
Calm	Calme
Clarity	Clarté
Compassion	Compassion
Emotions	Émotions
Gratitude	Gratitude
Habits	Habitudes
Kindness	Gentillesse
Mental	Mental
Mind	Esprit
Movement	Mouvement
Music	Musique
Nature	Nature
Peace	Paix
Perspective	Perspective
Silence	Silence
Thoughts	Pensées
To Learn	Apprendre

Music
Musique

Album	Album
Ballad	Ballade
Chorus	Chœur
Classical	Classique
Eclectic	Éclectique
Harmonic	Harmonique
Harmony	Harmonie
Instrument	Instrument
Lyrical	Lyrique
Melody	Mélodie
Microphone	Microphone
Musical	Musical
Musician	Musicien
Opera	Opéra
Poetic	Poétique
Rhythm	Rythme
Rhythmic	Rythmique
Sing	Chanter
Singer	Chanteur
Vocal	Vocal

Musical Instruments
Instruments de Musique

Banjo	Banjo
Bassoon	Basson
Cello	Violoncelle
Chimes	Carillons
Clarinet	Clarinette
Drum	Tambour
Flute	Flûte
Gong	Gong
Guitar	Guitare
Harp	Harpe
Mandolin	Mandoline
Marimba	Marimba
Oboe	Hautbois
Percussion	Percussion
Piano	Piano
Saxophone	Saxophone
Tambourine	Tambourin
Trombone	Trombone
Trumpet	Trompette
Violin	Violon

Mythology
Mythologie

Archetype	Archétype
Behavior	Comportement
Beliefs	Croyances
Creation	Création
Creature	Créature
Culture	Culture
Deities	Divinités
Disaster	Catastrophe
Heaven	Ciel
Hero	Héros
Immortality	Immortalité
Jealousy	Jalousie
Labyrinth	Labyrinthe
Legend	Légende
Lightning	Éclair
Monster	Monstre
Mortal	Mortel
Revenge	Vengeance
Thunder	Tonnerre
Warrior	Guerrier

Nature
Nature

Animals	Animaux
Arctic	Arctique
Beauty	Beauté
Bees	Abeilles
Cliffs	Falaises
Clouds	Nuage
Desert	Désert
Dynamic	Dynamique
Erosion	Érosion
Fog	Brouillard
Foliage	Feuillage
Forest	Forêt
Glacier	Glacier
Peaceful	Paisible
River	Fleuve
Sanctuary	Sanctuaire
Serene	Serein
Tropical	Tropical
Vital	Vital
Wild	Sauvage

Numbers
Nombres

Decimal	Décimal
Eight	Huit
Eighteen	Dix-Huit
Fifteen	Quinze
Five	Cinq
Four	Quatre
Fourteen	Quatorze
Nine	Neuf
Nineteen	Dix-Neuf
One	Un
Seven	Sept
Seventeen	Dix-Sept
Six	Six
Sixteen	Seize
Ten	Dix
Thirteen	Treize
Three	Trois
Twelve	Douze
Twenty	Vingt
Two	Deux

Nutrition
Nutrition

Appetite	Appétit
Balanced	Équilibré
Bitter	Amer
Calories	Calories
Carbohydrates	Glucides
Diet	Diète
Digestion	Digestion
Edible	Comestible
Fermentation	Fermentation
Flavor	Saveur
Habits	Habitudes
Health	Santé
Healthy	Sain
Nutrient	Nutritif
Proteins	Protéines
Quality	Qualité
Sauce	Sauce
Toxin	Toxine
Vitamin	Vitamine
Weight	Poids

Ocean
Océan

Coral	Corail
Crab	Crabe
Dolphin	Dauphin
Eel	Anguille
Fish	Poisson
Jellyfish	Méduse
Octopus	Poulpe
Oyster	Huître
Reef	Récif
Salt	Sel
Seaweed	Algue
Shark	Requin
Shrimp	Crevette
Sponge	Éponge
Storm	Tempête
Tides	Marées
Tuna	Thon
Turtle	Tortue
Waves	Vagues
Whale	Baleine

Pets
Animaux de Compagnie

Cat	Chat
Collar	Collier
Cow	Vache
Dog	Chien
Fish	Poisson
Food	Nourriture
Goat	Chèvre
Hamster	Hamster
Kitten	Chaton
Leash	Laisse
Lizard	Lézard
Mouse	Souris
Parrot	Perroquet
Paws	Pattes
Puppy	Chiot
Rabbit	Lapin
Tail	Queue
Turtle	Tortue
Veterinarian	Vétérinaire
Water	Eau

Philanthropy
Philanthropie

Challenges	Défis
Charity	Charité
Children	Enfants
Community	Communauté
Contacts	Contacts
Finance	Finance
Funds	Fonds
Generosity	Générosité
Global	Global
Goals	Buts
Groups	Groupes
History	Histoire
Honesty	Honnêteté
Humanity	Humanité
Mission	Mission
Need	Besoin
People	Gens
Programs	Programmes
Public	Public
Youth	Jeunesse

Photography
Photographie

Black	Noir
Camera	Caméra
Color	Couleur
Composition	Composition
Contrast	Contraste
Darkness	Obscurité
Definition	Définition
Exhibition	Exposition
Format	Format
Frame	Cadre
Lighting	Éclairage
Object	Objet
Perspective	Perspective
Portrait	Portrait
Shadows	Ombre
Soften	Adoucir
Subject	Sujet
Texture	Texture
View	Vue
Visual	Visuel

Physics
Physique

Acceleration	Accélération
Atom	Atome
Chaos	Chaos
Chemical	Chimique
Density	Densité
Electron	Électron
Engine	Moteur
Expansion	Expansion
Formula	Formule
Frequency	Fréquence
Gas	Gaz
Magnetism	Magnétisme
Mass	Masse
Mechanics	Mécanique
Molecule	Molécule
Nuclear	Nucléaire
Particle	Particule
Relativity	Relativité
Speed	Vitesse
Universal	Universel

Plants
Plantes

Bamboo	Bambou
Bean	Haricot
Berry	Baie
Botany	Botanique
Bush	Buisson
Cactus	Cactus
Fertilizer	Engrais
Flora	Flore
Flower	Fleur
Foliage	Feuillage
Forest	Forêt
Garden	Jardin
Grass	Herbe
Ivy	Lierre
Moss	Mousse
Petal	Pétale
Root	Racine
Stem	Tige
Tree	Arbre
Vegetation	Végétation

Professions #1
Professions #1

Ambassador	Ambassadeur
Astronomer	Astronome
Attorney	Avocat
Banker	Banquier
Cartographer	Cartographe
Coach	Entraîneur
Dancer	Danseur
Doctor	Médecin
Editor	Éditeur
Geologist	Géologue
Hunter	Chasseur
Jeweler	Bijoutier
Musician	Musicien
Nurse	Infirmière
Pianist	Pianiste
Plumber	Plombier
Psychologist	Psychologue
Sailor	Marin
Tailor	Tailleur
Veterinarian	Vétérinaire

Professions #2
Professions #2

Astronaut	Astronaute
Biologist	Biologiste
Dentist	Dentiste
Detective	Détective
Engineer	Ingénieur
Farmer	Agriculteur
Gardener	Jardinier
Illustrator	Illustrateur
Inventor	Inventeur
Journalist	Journaliste
Linguist	Linguiste
Painter	Peintre
Philosopher	Philosophe
Photographer	Photographe
Physician	Médecin
Pilot	Pilote
Researcher	Chercheur
Surgeon	Chirurgien
Teacher	Enseignant
Zoologist	Zoologiste

Psychology
Psychologie

Appointment	Rendez-Vous
Assessment	Évaluation
Behavior	Comportement
Childhood	Enfance
Clinical	Clinique
Cognition	Cognition
Conflict	Conflit
Dreams	Rêves
Ego	Ego
Emotions	Émotions
Ideas	Idées
Perception	Perception
Personality	Personnalité
Problem	Problème
Reality	Réalité
Sensation	Sensation
Subconscious	Subconscient
Therapy	Thérapie
Thoughts	Pensées
Unconscious	Inconscient

Rainforest
Forêt Tropicale

Amphibians	Amphibiens
Birds	Oiseaux
Botanical	Botanique
Climate	Climat
Clouds	Nuage
Community	Communauté
Diversity	Diversité
Indigenous	Indigène
Insects	Insectes
Jungle	Jungle
Mammals	Mammifères
Moss	Mousse
Nature	Nature
Preservation	Préservation
Refuge	Refuge
Respect	Respect
Restoration	Restauration
Species	Espèce
Survival	Survie
Valuable	Précieux

Restaurant #2
Restaurant #2

Beverage	Boisson
Cake	Gâteau
Chair	Chaise
Delicious	Délicieux
Dinner	Dîner
Eggs	Oeuf
Fish	Poisson
Fork	Fourchette
Fruit	Fruit
Ice	Glace
Lunch	Déjeuner
Noodles	Nouilles
Salad	Salade
Salt	Sel
Soup	Soupe
Spices	Épices
Spoon	Cuillère
Vegetables	Légumes
Waiter	Serveur
Water	Eau

Science
Science

Atom	Atome
Chemical	Chimique
Climate	Climat
Data	Données
Evolution	Évolution
Experiment	Expérience
Fact	Fait
Fossil	Fossile
Gravity	Gravité
Hypothesis	Hypothèse
Laboratory	Laboratoire
Method	Méthode
Minerals	Minéraux
Molecules	Molécules
Nature	Nature
Organism	Organisme
Particles	Particules
Physics	Physique
Plants	Plantes
Scientist	Scientifique

Science Fiction
Science-Fiction

Atomic	Atomique
Books	Livres
Cinema	Cinéma
Clones	Clones
Dystopia	Dystopie
Explosion	Explosion
Extreme	Extrême
Fantastic	Fantastique
Fire	Feu
Futuristic	Futuriste
Galaxy	Galaxie
Illusion	Illusion
Imaginary	Imaginaire
Mysterious	Mystérieux
Oracle	Oracle
Planet	Planète
Robots	Robots
Technology	Technologie
Utopia	Utopie
World	Monde

Scientific Disciplines
Disciplines Scientifiques

Anatomy	Anatomie
Archaeology	Archéologie
Astronomy	Astronomie
Biochemistry	Biochimie
Biology	Biologie
Botany	Botanique
Chemistry	Chimie
Ecology	Écologie
Geology	Géologie
Immunology	Immunologie
Kinesiology	Kinésiologie
Linguistics	Linguistique
Mechanics	Mécanique
Meteorology	Météorologie
Mineralogy	Minéralogie
Neurology	Neurologie
Physiology	Physiologie
Psychology	Psychologie
Sociology	Sociologie
Zoology	Zoologie

Shapes
Formes

Arc	Arc
Circle	Cercle
Cone	Cône
Corner	Coin
Cube	Cube
Curve	Courbe
Cylinder	Cylindre
Edges	Bords
Ellipse	Ellipse
Hyperbola	Hyperbole
Line	Ligne
Oval	Ovale
Polygon	Polygone
Prism	Prisme
Pyramid	Pyramide
Rectangle	Rectangle
Side	Côté
Sphere	Sphère
Square	Carré
Triangle	Triangle

Spices
Épices

Anise	Anis
Bitter	Amer
Cardamom	Cardamome
Cinnamon	Cannelle
Clove	Girofle
Coriander	Coriandre
Cumin	Cumin
Curry	Curry
Fennel	Fenouil
Fenugreek	Fenugrec
Flavor	Saveur
Garlic	Ail
Ginger	Gingembre
Nutmeg	Muscade
Onion	Oignon
Paprika	Paprika
Saffron	Safran
Salt	Sel
Sweet	Doux
Vanilla	Vanille

Sport
Sport

Ability	Capacité
Athlete	Athlète
Body	Corps
Bones	Os
Coach	Entraîneur
Cycling	Cyclisme
Dancing	Danse
Diet	Diète
Endurance	Endurance
Health	Santé
Jogging	Jogging
Maximize	Maximiser
Metabolic	Métabolique
Muscles	Muscles
Nutrition	Nutrition
Program	Programme
Sports	Sports
Strength	Force
To Breathe	Respirer
To Swim	Nager

Technology
Technologie

Blog	Blog
Browser	Navigateur
Bytes	Octets
Camera	Caméra
Computer	Ordinateur
Cursor	Curseur
Data	Données
Digital	Numérique
Display	Affichage
File	Fichier
Font	Police
Internet	Internet
Message	Message
Research	Recherche
Screen	Écran
Security	Sécurité
Software	Logiciel
Statistics	Statistiques
Virtual	Virtuel
Virus	Virus

The Company
L'Entreprise

Business	Affaires
Creative	Créatif
Decision	Décision
Employment	Emploi
Global	Global
Industry	Industrie
Innovative	Innovant
Possibility	Possibilité
Presentation	Présentation
Product	Produit
Professional	Professionnel
Progress	Progrès
Quality	Qualité
Reputation	Réputation
Resources	Ressources
Revenue	Revenu
Risks	Risques
Trends	Tendances
Units	Unités
Wages	Salaire

Congratulations

You made it!

We hope you enjoyed this book as much as we enjoyed making it. We do our best to make high quality games.
These puzzles are designed in a clever way for you to learn actively while having fun!

Did you love them?

A Simple Request

Our books exist thanks your reviews. Could you help us by leaving one now?

Here is a short link which will take you to your order review page:

BestBooksActivity.com/Review50

MONSTER CHALLENGE!

Challenge #1

Ready for Your Bonus Game? We use them all the time but they are not so easy to find. Here are **Synonyms**!

Note 5 words you discovered in each of the Puzzles noted below (#21, #36, #76) and try to find 2 synonyms for each word.

Note 5 Words from *Puzzle 21*

Words	Synonym 1	Synonym 2

Note 5 Words from *Puzzle 36*

Words	Synonym 1	Synonym 2

Note 5 Words from *Puzzle 76*

Words	Synonym 1	Synonym 2

Challenge #2

Now that you are warmed-up, note 5 words you discovered in each Puzzle noted below (#9, #17, #25) and try to find 2 antonyms for each word. How many lines can you do in 20 minutes?

Note 5 Words from **Puzzle 9**

Words	Antonym 1	Antonym 2

Note 5 Words from **Puzzle 17**

Words	Antonym 1	Antonym 2

Note 5 Words from **Puzzle 25**

Words	Antonym 1	Antonym 2

Challenge #3

Wonderful, this monster challenge is nothing to you!

Ready for the last one? Choose your 10 favorite words discovered in any of the Puzzles and note them below.

1.	6.
2.	7.
3.	8.
4.	9.
5.	10.

Now, using these words and within a maximum of six sentences, your challenge is to compose a text about a person, animal or place that you love!

Tip: You can use the last blank page of this book as a draft!

Your Writing:

Explore a Unique Store Set Up **FOR YOU!**

BestActivityBooks.com/**TheStore**

Designed for Entertainment!

Light Up Your Brain With Unique **Gift Ideas**.

Access **Surprising** And **Essential Supplies!**

CHECK OUT OUR MONTHLY SELECTION NOW!

- **Expertly Crafted Products** -

NOTEBOOK:

SEE YOU SOON!

Linguas Classics Team